Heidrun Fronek

Raffiniert und preiswert
Kochen mit ALDI

Neue Rezeptideen für einen Monat nur mit ALDI-Produkten.
Mit Preisangaben, Nährwerten und Einkaufslisten

Südwest

Inhalt

Mittwoch ist ALDI-Tag 5

ALDI ist »in« 5
ALDI für alle Fälle 7
Rezepte für jede Gelegenheit 8

Frühstück und Brotzeit 11

Mit ALDI fit für den Tag 11

Suppen, Salate und Vorspeisen 21

Für den kleinen und großen Hunger 21

Hauptgerichte und kleine Snacks 37

Deftiges mit und ohne Fleisch 37

Schnelle Küche mit ALDI 79

Im Handumdrehen auf dem Tisch 79

So exotisch kann ALDI sein: Reissalat mit Südfrüchten.

Süßspeisen, Kuchen und Desserts

Süßspeisen, Kuchen und Desserts 89
Für das süße Finale 89

Drinks

Drinks 117
Gesunde Durstlöscher 117

Fünf Tagesplanvorschläge 121

**Auf einen Blick –
Gerichte unter 1,- DM pro Person** 124

**Auf einen Blick –
Gerichte unter 2,- DM pro Person** 124

**Auf einen Blick –
Gerichte unter 3,- DM pro Person** 125

**Auf einen Blick –
Gerichte unter 5,- DM pro Person** 125

Über dieses Buch 126
Register 127

Ein Klassiker unter den österreichischen Mehlspeisen: Topfenknödel.

Mittwoch ist ALDI-Tag

Unsere Eltern-Kind-Gruppe beginnt am Mittwoch nicht wie an anderen Tagen um neun Uhr, sondern erst zehn Minuten nach neun, denn »Mittwoch ist ALDI-Tag«, wie mir unsere Gruppenleiterin erklärte. Insider wissen sofort, was damit gemeint ist: Mittwochs wird bei ALDI die große Schnäppchenjagd eröffnet. Jede Woche bringt ALDI Sonderangebote heraus: Nicht nur Lebensmittel, sondern auch günstige Bekleidung, Haushaltswaren und Blumen kann man dann erstehen.

ALDI ist »in«

ALDI hat schon etwas Faszinierendes. Noch vor nicht allzu langer Zeit wurden die Filialen der Kette von »Betuchten« belächelt und gemieden. Und ihre so genannten No-Name-Produkte nur von Familien mit schmalem Budget gekauft. Inzwischen weiß nicht nur die kalkulierende Hausfrau, dass ALDI Markenqualität zu günstigen Preisen bietet. Auch mancher Yuppie wird in ALDI-Märkten mit vollem Einkaufswagen entdeckt.

Bei ALDI einzukaufen ist für viele zum Kult geworden. Wen wundert es da noch, dass es bereits einen ALDI-Fanclub gibt? ALDI-Partys, bei denen alle Speisen und Getränke aus dem ALDI-Sortiment stammen, sind nicht nur bei Teenies ein Renner. Doch ALDI hat weit mehr zu bieten, als einfach nur im Trend zu sein. Die Erfolgsstrategie der Kette hat sich durchgesetzt. ALDI ist ein Unternehmen, das das Vertrauen seiner Kunden sucht

ALDI steht für »Albrecht-Discount«. Die Geschichte des Unternehmens begann in Essen, wo eine Frau Albrecht ein kleines Lebensmittelgeschäft führte. Nach dem Krieg übernahmen ihre Söhne Theo und Karl den Laden und eröffneten im ganzen Ruhrgebiet Filialen. Heute gibt es in Deutschland 3050 ALDI-Märkte.

Mit 37 Prozent Stammkundschaft steht ALDI im deutschen Lebensmittelhandel an erster Stelle. Supermarktketten wie Tengelmann bringen es auf knapp 20 Prozent. und alles daransetzt, es nicht zu enttäuschen. Frische und gute Qualität bei niedrigen Preisen ist der erste Grundsatz der ALDI-Philosophie. Auf die üblichen verkaufspsychologischen Tricks wird verzichtet. Durch die begrenzte Auswahl an Produkten im ALDI-Sortiment, durch einfache Regalbestückung und eine ausgeklügelte Logistik können Lebensmittel und Non-Food-Artikel zu günstigen Preisen angeboten werden.

Lange Schlangen an den Kassen kennt man zwar bei ALDI, aber lange warten muss man deswegen nicht. Die Mitarbeiter der ALDI-Filialen kennen die Preise des Warensortiments auswendig und tippen sie in Windeseile in die Kassen. Ein weiteres Plus für ALDI-Stammkunden: Man muss sich nicht an ständig wechselnde Regalbestückung gewöhnen. Jedes Lebensmittel hat seinen festen Platz!

DAS ALDI-WEINSORTIMENT

Rotwein
Beaujolais (trocken)
Bordeaux (trocken)
Cabernet Sauvignon (trocken)
Chianti (trocken)
Französischer Landwein
    (halbtrocken)
Mazedonischer Rotwein
    (lieblich)
Rioja (trocken)

Rosé
Côtes des Lubéron (trocken)
Mazedonischer Rosé (lieblich)

Weißwein
Badischer Qualitätswein
    (halbtrocken)
Chablis (trocken)
Chardonnay (trocken)
Frankenwein (halbtrocken)
Freiburger Lorettoberg
    (halbtrocken)
Gavi (trocken)
Mädchentraube (süß)
Mosel-Saar-Ruwer (lieblich)
Müller-Thurgau Rheinhessen
Pinot (trocken)
Verdicchio dei Castelli (trocken)

ALDI für alle Fälle

ALDI hat im Lebensmittelbereich nahezu alles zu bieten, was das Herz begehrt. Täglich frisches Brot, Obst und Gemüse, Milch und Milchprodukte in reichlicher Auswahl, ein gut sortiertes Käse- und Frischwurstangebot und allerlei Grundnahrungsmittel, die man tagtäglich in der Küche benötigt – all das findet man in den stets gut gefüllten Regalen.

Die Lebensmittel aus der Frischtheke sind in der Regel noch mindestens eine Woche haltbar, so dass dem wöchentlichen Großeinkauf nichts im Wege steht. Sicherlich kann ALDI nicht die riesige Auswahl an internationalen Delikatessen bieten, die so mancher anspruchsvolle Hobbykoch begehrt. Wer hingegen einfache, gesunde und preiswerte Gerichte zubereiten will, der ist bei ALDI an der richtigen Adresse.

Auch für Weinliebhaber hält ALDI ein großes Angebot bereit: Namhafte deutsche, italienische und französische Weine machen das köstliche Menü perfekt. Naschkatzen kommen ebenfalls voll auf ihre Kosten. Und schließlich reagiert der Discounter auch im Non-Food-Bereich mit ständig wechselnden Sonderangeboten und Zusatzartikeln auf die Bedürfnisse seiner Kundschaft.

Bei ALDI gibt es nicht alles, dafür aber fast alles billiger. Wer jedoch daraus den Schluss zieht, ALDI sei ein Billigladen, der täuscht sich. ALDI-Produkte haben die Prüfungen der Stiftung Warentest schon oft mit »gut« und »sehr gut« überstanden.

Mit ALDI preiswert genießen

Um Köchinnen und Köchen den Einkauf zu vereinfachen, enthält dieses Buch bis auf einzelne Grundzutaten (die man beispielsweise im Garten oder auf dem Küchenfensterbrett selbst ziehen kann) ausschließlich Lebensmittel, die man bei allen ALDI-Filialen bekommt. Somit entfallen weitere Gänge zu anderen Geschäften, und man hat mehr Zeit zum Kochen – oder für andere schöne Dinge.

Rezepte für jede Gelegenheit

Dieses Buch enthält Rezeptvorschläge für den ganzen Tag: Brotzeitsnacks, kleine Zwischenmahlzeiten und Hauptgerichte, Vorspeisen, Suppen und Salate, Süßspeisen, Torten und Desserts können mit Lebensmitteln aus dem ALDI-Sortiment nachgekocht werden. Wenn's mal schnell gehen muss, finden Sie unter der Rubrik »Schnelle Küche mit ALDI« einfache und zeitsparende Rezepte für Groß und Klein. Erfrischende Drinks runden das kulinarische Angebot ab.

Weiterhin finden Sie Anregungen für die Zusammenstellung von Menüs oder die Gestaltung ganzer Tagespläne (auf Seite 121ff.).

Das Unternehmen ALDI ist in eine Süd- und eine Nordgruppe aufgeteilt, deren Angebote sich beträchtlich unterscheiden. Bei ALDI-Nord gibt es einiges mehr zu kaufen: Zigaretten etwa und Tiefkühlprodukte – im Süden heiß ersehnt.

Folgende Einheiten werden in den Rezepten verwendet

TL	=	Teelöffel
EL	=	Esslöffel
1/8 l	=	125 ml
1/4 l	=	250 ml
1/2 l	=	500 ml
g	=	Gramm
kg	=	Kilogramm

Umrechnungstabelle für andere Backöfen

Sämtliche Temperaturangaben in den Rezepten beziehen sich auf Umluftbacköfen.

Elektrohitze	Gashitze	Umluft
160 °C	Stufe 1–2	140 °C
180 °C	Stufe 2–3	160 °C
200 °C	Stufe 3–4	180 °C

Diese Abkürzungen werden benutzt

kcal	=	Kilokalorien	K	=	Kohlenhydrate
E	=	Eiweiß	B	=	Ballaststoffe
F	=	Fett	C	=	Cholesterin

Alle Angaben beziehen sich auf eine Portion.

Den vielen Tips und Informationen können Sie allerlei Wissenswertes zu den verschiedenen Lebensmitteln entnehmen. Und für genaue Rechner liefert dieses Buch den Preis pro Gericht gleich mit. Da die Preise regionalen und saisonalen Schwankungen unterliegen, handelt es sich hierbei allerdings um Zirkaangaben.

Was Sie beim Einkauf beachten sollten

Die Rezepte enthalten nur Zutaten, die bei ALDI erhältlich sind. Gelegentlich sind Gewürze oder Kräuter genannt, die Sie zu Hause haben sollten, z. B. Zimt, Kümmel, Currypulver, Muskatnuss und Knoblauchsalz. Für einige Rezepte werden Petersilie, Schnittlauch oder Salatkräuter benötigt, die Sie in getrockneter Form bei ALDI kaufen können. Wenn Sie selbst Kräuter im Garten oder auf der Fensterbank ziehen, dann haben Sie sie immer frisch zur Hand. Basilikum, Petersilie, Schnittlauch und Dill sind ebenfalls Standardkräuter, die in keinem Haushalt fehlen sollten.

Das ALDI-Angebot an frischem Obst und Gemüse ist jahreszeitlich bedingt. Mit etwas Phantasie können Sie jedoch einzelne Lebensmittel durch andere, frisch erhältliche Sorten oder durch Konservenware ersetzen. Da frische Lebensmittel aber nicht nur besser schmecken, sondern auch reicher an natürlichen Vitaminen und Mineralstoffen sind, sollten Sie diese im Zweifelsfall der Dosenware vorziehen.

Unter der Rubrik »ALDI informiert« gibt der Discounter in kostenlosen Anzeigenblättchen wöchentlich Sonderangebote bekannt. Dabei handelt es sich nicht nur um Aktionsware, sondern auch um ausgewählte Produkte aus dem normalen Sortiment.

Frühstück und Brotzeit

Für einen guten Start in den Tag ist das Frühstück besonders wichtig. Wer morgens so richtig Gas geben will, schafft dafür mit einer vollwertigen Mischkost aus Brot oder Getreide, Obst, Milch und Milchprodukten die besten Voraussetzungen. Frühstückszerealien wie Cornflakes, Smacks oder Fruit-Loops mit Milch sind bei Kindern sehr beliebt. Ganz gleich, ob Sie zum Frühstück gern ein Müsli oder ein Marmeladenbrötchen essen oder ob Sie Eier mit Schinken bevorzugen – bei ALDI finden Sie alles, was das Herz begehrt.

Mit ALDI fit für den Tag

Bereiten Sie sich ein Müsli mit Milch oder Joghurt zu, süßen Sie es leicht mit Honig, und verfeinern Sie es mit frischem Obst. Bestreichen Sie ein Vollkornbrötchen mit Butter oder Margarine, und belegen Sie es mit Wurst oder Käse – so ein Frühstück gibt Kraft für den Tag und sorgt für Leistungsfähigkeit und Konzentration.

Fruchtsäfte, Milch oder Kakao löschen den Durst und liefern zudem wertvolle und für den Organismus notwendige Vitamine und Mineralstoffe.

Zum Auftanken am Vormittag ist eine kleine Brotzeit ideal. Abwechslungsreich belegte Brote oder einfach nur ein Stück Obst oder Gemüse liefern neue Energie. Wer nicht berufstätig ist, kann zu Hause ohne großen Aufwand kleine Snacks zubereiten, die nicht nur bei Erwachsenen, sondern auch bei Kindern gut ankommen.

Beim Frühstück scheiden sich die Geister. Der eine schwört auf üppig belegte Brötchen, der andere beginnt den Tag asketisch mit einer Tasse Kaffee. Doch ein kerniges Müsli oder ein fruchtiger Quark wird auch von Morgenmuffeln nicht verschmäht.

Apfel-Kiwi-Müsli

kcal: 373
E: 11 g
F: 5 g
K: 64 g
B: 7 g
C: 8 mg
Preis: 1,75 DM

Zutaten für 2 Personen
1 Kiwi • 2 Äpfel (Granny Smith) • 2 Becher fettarmer
Joghurt • 50 g Haferflocken • 50 g Fruit-Loops • etwas Honig

1 Die Kiwi und die Äpfel schälen und in feine Stifte schneiden.
2 Den Joghurt in eine Schüssel geben, das Obst, die Haferflocken und die Fruit-Loops darunter mischen und je nach Bedarf mit etwas Honig abschmecken.

Kornmüsli mit Obst

kcal: 285
E: 9 g
F: 4 g
K: 50 g
B: 6 g
C: 5 mg
Preis: 0,75 DM

Zutaten für 2 Personen
2 EL gemischtes Trockenobst • 1 Birne • 1 Banane
4 EL Haferflocken • 200 ml H-Milch, 1,5 %
etwas Honig

1 Das Trockenobst am Abend zuvor in Wasser einweichen und in den Kühlschrank stellen.
2 Die Birne waschen, und in kleine Würfel schneiden. Die Banane in Scheiben schneiden. Das Trockenobst in kleine Stücke schneiden.
3 Mit den übrigen Zutaten vermischen, das Müsli in Schüsselchen verteilen und servieren.

INFO Wussten Sie, dass fettarme Milch genauso viel Kalzium enthält wie Vollmilch? Falls Sie ein leidenschaftlicher Milchtrinker sind, aber trotzdem Kalorien einsparen wollen, dann greifen Sie getrost zu Magermilch. Sie laufen dabei keine Gefahr, die Kalziumzufuhr, die sehr wichtig für Knochen und Zähne ist, zu verringern.

Joghurt-Früchte-Müsli

Zutaten für 2 Personen

1 Apfel (Braeburn) • 1 Banane • Saft von 1 Zitrone
50 g Haferflocken • 2 EL Haselnusskerne
1 Becher fettarmer Joghurt

kcal: 316
E: 9 g
F: 12 g
K: 38 g
B: 6 g
C: 4 mg

Preis: 0,75 DM

1 Den Apfel schälen, halbieren und vom Kerngehäuse befreien. Die Apfelhälften auf der Rohkostreibe grob raspeln.
2 Die Banane schälen, mit einer Gabel fein zerdrücken und mit dem Apfel sowie dem Saft der Zitrone vermengen.
3 Die Apfel-Bananen-Masse und alle übrigen Zutaten unter den Joghurt rühren.
4 Das Müsli in Schüsselchen geben und servieren.

Gebratene Banane auf Toast

Zutaten für 2 Personen

2 Scheiben Vollkorntoast • 2 TL Margarine (z. B. Bellasan)
1 Banane • Saft von 1 Zitrone • 1 EL Himbeermarmelade

kcal: 212
E: 3 g
F: 7 g
K: 33 g
B: 5 g
C: 1 mg

Preis: 0,50 DM

1 Den Vollkorntoast rösten und mit Margarine bestreichen.
2 Die Banane schälen, in Scheiben schneiden und sofort mit etwas Zitronensaft beträufeln. Die Scheiben auf dem Toast verteilen.
3 Auf jeden Toast etwas Himbeermarmelade geben und im Backofen bei etwa 160 °C etwa 7 Minuten backen.

INFO Bananen haben einen hohen Gehalt an Kalium, Magnesium und Kohlenhydraten. Deshalb sind sie als Energiespender am Morgen bestens geeignet.

Bananen-Haferflocken-Quark

kcal: 398
E: 17 g
F: 16 g
K: 41 g
B: 4 g
C: 52 mg
Preis: 1,00 DM

Zutaten für 2 Personen
250 g Sahnequark · 2 EL H-Sauerrahm oder Schmand
abgeriebene Schale von 1 Zitrone · 2 EL Honig · 2 Bananen
20 g Haferflocken

1 Den Quark mit dem Sauerrahm und mit der abgeriebenen Schale der Zitrone verrühren. Mit dem Honig abschmecken.

2 Die Banane schälen, in Scheiben schneiden und unter den Quark heben.
3 Zum Schluss die Haferflocken darüber streuen.

Putensandwich mit Ei

kcal: 303
E: 19 g
F: 14 g
K: 21 g
B: 4 g
C: 160 mg
Preis: 1,25 DM

Zutaten für 2 Personen
2 Scheiben Toastbrot · 2 EL Mayonnaise
1 Ei · 1 Tomate · 100 g gekochte Putenbrust
Jodsalz, Pfeffer · Schnittlauch

1 Das Toastbrot rösten und mit der Mayonnaise bestreichen.
2 Das Ei hart kochen, abschrecken, pellen und in Scheiben schneiden. Die Tomate waschen, putzen und in Scheiben schneiden.

3 Die Putenbrust gleichmäßig auf den Toastbrotscheiben verteilen. Dann die Tomaten- und zum Schluss die Eierscheiben darauf legen.
4 Mit Jodsalz und Pfeffer würzen und mit Schnittlauch bestreuen.

INFO Putenfleisch ist arm an Kalorien, dafür aber umso reicher an Eiweiß, Vitaminen – vor allem Vitamin B1 und B2 – und Mineralstoffen.

Bauernbrot mit Schinkenrührei

Zutaten für 2 Personen
1 EL Butter • 100 g Schinkenwürfel • 4 Eier
Schnittlauch • Petersilie • Jodsalz, Pfeffer
2 Scheiben Bauernbrot • 2 TL scharfer Senf

kcal: 489
E: 30 g
F: 27 g
K: 23 g
B: 5 g
C: 540 mg

Preis: 1,25 DM

1 In einer Pfanne die Butter erhitzen und die Schinkenwürfel darin auslassen.

2 Die Eier mit den klein geschnittenen Kräutern verquirlen, mit Jodsalz und Pfeffer würzen und zu den Schinkenwürfeln geben. Unter Rühren stocken lassen.

3 Die Brotscheiben mit Senf bestreichen und jeweils die Hälfte des Schinkenrühreis darüber geben. Zum Schluss mit etwas gehacktem Schnittlauch bestreuen.

Was sich viele morgens aufs Brot streichen, ist zu fett, zu schwer oder zu salzig, enthält zu wenig Vitamine und Ballaststoffe. Mit Geflügelwurst, magerem Schinken und frischem Gemüse liegen Sie jedoch garantiert richtig.

Frischkäsebrot mit Radieschen

kcal: 326
E: 15 g
F: 8 g
K: 45 g
B: 10 g
C: 19 mg
Preis: 1,50 DM

Zutaten für 2 Personen
2 Scheiben kerniges Vollkornbrot · 100 g Frischkäse
1 Bund Radieschen · Jodsalz · Schnittlauch

1 Die Vollkornbrotscheiben mit Frischkäse bestreichen.
2 Die Radieschen waschen, putzen und mit der Rohkostreibe grob raspeln.

3 Radieschen auf den Frischkäsebroten verteilen und mit etwas Jodsalz würzen.
4 Zum Schluss mit gehacktem Schnittlauch bestreuen.

TIPP Radieschen werden nicht so schnell runzelig, wenn Sie sie mit den grünen Blättern nach unten in ein Glas Wasser hängen.

Krabbentoast mit Mandarinen

kcal: 364
E: 17 g
F: 11 g
K: 44 g
B: 7 g
C: 94 mg
Preis: 4,50 DM

Zutaten für 2 Personen
4 Scheiben Toastbrot · 50 g körniger Frischkäse
100 g Krabben · 50 g Mandarinen (Dose) · 1 EL Mayonnaise
Pfeffer · Dill

1 Die Toastbrotscheiben rösten und mit dem körnigen Frischkäse bestreichen.
2 Die Krabben und die Mandarinen gut abtropfen lassen, miteinander vermischen und auf den Toastbrotscheiben verteilen. Je 1 Klecks Mayonnaise darauf geben und mit Pfeffer würzen.
3 Zum Schluss die Krabbentoasts mit frischem gehacktem Dill bestreuen und servieren.

Herzhafte Käsebrötchen mit Weintrauben

Zutaten für 2 Personen
2 Scheiben Sonnenblumenbrot · 1 EL Butter
100 g Esromkäse · Pfeffer · 50 g blaue Weintrauben

kcal: 355
E: 15 g
F: 20 g
K: 25 g
B: 5 g
C: 46 mg
Preis: 0,50 DM

1 Das Sonnenblumenbrot dünn mit Butter bestreichen und mit dem in Scheiben geschnittenen Esromkäse belegen. Den Käse mit etwas Pfeffer bestreuen.
2 Die Weintrauben waschen und halbieren. Auf den Käsebroten verteilen.

Putenbrustbrot mit Apfelscheiben

Zutaten für 2 Personen
1 Salatgurke · 1 Apfel · 2 Scheiben Vollkornbrot
1 EL Sonnenblumenmargarine
100 g gekochte Putenbrust · Pfeffer

kcal: 371
E: 20 g
F: 7 g
K: 49 g
B: 11 g
C: 31 mg
Preis: 1,75 DM

1 Die Salatgurke und den Apfel waschen. Die Gurke schälen, den Apfel schälen und entkernen und beides in dünne Scheiben schneiden.
2 Das Vollkornbrot mit Margarine bestreichen, die gekochte Putenbrust in dünne Scheiben schneiden und das Brot damit belegen.
3 Dann die Apfel- und Gurkenscheiben darauf verteilen und mit etwas Pfeffer würzen.

VARIANTE Pikanter schmeckt das Putenbrustbrot, wenn Sie die Salatgurke durch eingelegte saure Gurken ersetzen. Auch eingelegte rote Tomatenpaprika geben belegten Broten eine herzhafte Note.

Kräuter-Quark-Sandwich

kcal: 337
E: 27 g
F: 8 g
K: 32 g
B: 6 g
C: 241 mg

Preis: 1,25 DM

Zutaten für 2 Personen
2 Eier • 2 Vierkornbrötchen • 200 g Tomaten
200 g Magerquark • Gartenkräuter • Jodsalz, Pfeffer
1 Kopfsalat

1 Die Eier hart kochen. Die Brötchen aufschneiden. Die Tomaten kurz in kochendes Wasser tauchen, kalt abschrecken, enthäuten und fein würfeln.
2 Die Eier pellen und fein hacken. Den Quark mit den Gartenkräutern verrühren, Tomaten- und Eiwürfel darunter mischen. Das Ganze mit Jodsalz und Pfeffer würzen.
3 Vom Kopfsalat 4 Salatblätter nehmen, waschen, trockentupfen und auf die Brötchenhälften legen.
4 Die Kräuter-Quark-Mischung jeweils auf die untere Hälfte der Brötchen verteilen. Die Brötchen zusammensetzen und auf Tellern verteilen.

Baguette mit Schinken und Ananas

kcal: 596
E: 21 g
F: 14 g
K: 87 g
B: 5 g
C: 60 mg

Preis: 1,75 DM

Zutaten für 2 Personen
1 Baguette • 1 EL Butter • 4 Salatblätter • 100 g Hinterkochschinken • 1/2 Dose Ananas in Stücken

1 Das Baguette der Länge nach durchschneiden und eine Seite mit Butter bestreichen.
2 Zuerst mit den gewaschenen Salatblättern, dann mit Schinkenscheiben belegen und die Ananasstücke darauf verteilen.
3 Zum Schluss den Deckel darauf geben, noch einmal halbieren und auf Tellern verteilen.

Schinkenbrot mit Kiwi

Zutaten für 2 Personen

2 Kiwis • 2 Tomaten • 2 Vierkornbrötchen • 1 EL Butter
100 g Lachsschinken • Jodsalz, Pfeffer

kcal: 504
E: 9 g
F: 12 g
K: 24 g
B: 5 g
C: 28 mg
___
Preis: 2,25 DM

1 Die Kiwis schälen und in dünne Scheiben schneiden. Die Tomaten waschen, putzen, entkernen und achteln.
2 Die Vierkornbrötchen mit Butter bestreichen und mit dem Lachsschinken belegen.
3 Dann die Kiwischeiben und die Tomatenachtel darauf verteilen und mit etwas Jodsalz und Pfeffer würzen.

TIPP Sie sollten die Kiwifrüchte beim Einkauf einzeln abtasten und allzu weiche Früchte liegen lassen. Zu harte Früchte sind hingegen noch unreif: Sie haben wenig Saft und Süße. Wählen Sie mittelharte Früchte.

Schinken-Käse-Brot

Zutaten für 2 Personen

2 Scheiben Bauernbrot • 2 EL dänischer Frischkäse
mit Schnittlauch • 100 g Lachsschinken
2 Essiggurken • Pfeffer

kcal: 318
E: 14 g
F: 17 g
K: 22 g
B: 4 g
C: 45 mg
___
Preis: 1,50 DM

1 Die Bauernbrotscheiben mit dem Schnittlauchfrischkäse bestreichen. Die Lachsschinkenscheiben zusammenklappen und fächerartig auf den Brotscheiben verteilen.
2 Zum Schluss die Essiggurken in dünne Scheiben schneiden, die Gurkenscheiben auf die Schinken-Käse-Brote verteilen und mit etwas Pfeffer würzen.

Suppen, Salate und Vorspeisen

Suppen, Vorspeisen und Salate sind nicht nur eine ideale Ergänzung zu leichten Hauptgerichten oder Snacks. Mit ein paar Scheiben Brot kann je nach Menge eine eigene kleine Mahlzeit daraus werden. Gerade im Sommer verzichtet man gerne einmal auf eine warme Mahlzeit und zieht kalte Vorspeisen oder erfrischende Salate vor, die mit ihrem hohen Gehalt an wertvollen Vital- und Ballaststoffen zudem auch noch wesentlich gesünder sind.

Für den kleinen und großen Hunger

Suppen sind einfach zuzubereiten und können sowohl aus frischen als auch aus konservierten Lebensmitteln hergestellt werden. Ob tagsüber als Vorspeise zu einem leichten Hauptgericht oder abends mit einer Scheibe Brot – Suppen schmecken immer.

Salate passen nahezu zu jedem Gericht und haben besonders in der Grillsaison Hochkonjunktur. Sie sind gesund und sättigen, ohne den Organismus zu belasten.

Wenn Sie Gäste einladen oder ein festliches Menü zusammenstellen wollen, finden Sie in diesem Kapitel einige Vorschläge zu Vorspeisen, deren Zutaten samt und sonders aus dem ALDI-Sortiment stammen.

Bereiten Sie Salate und Vorspeisen immer frisch zu. Knackig angerichtetes Gemüse sieht nicht nur appetitlicher aus, die enthaltenen Vitamine und Mineralstoffe haben auch noch ihre volle Wirksamkeit.

Suppen, kleine Vorspeisen und knackige Salate sollen durch Optik und Geschmack den Appetit anregen und auf das folgende Menü einstimmen. Sie können aber auch eigenständige kleine Gerichte sein, denen keine weiteren Gänge folgen.

Frische Spargelcremesuppe

kcal: 524
E: 15 g
F: 41 g
K: 20 g
B: 6 g
C: 124 mg
Preis: 2,00 DM

Zutaten für 2 Personen

750 g frischer Spargel • 3 EL Butter • 1/4 TL Jodsalz
1/4 TL Zucker • 1 EL Mehl • 1/4 l H-Milch, 3,5 %
125 g H-Sahne • 1/8 l Wasser • Pfeffer

Die Spargelsaison dauert etwa von Ende März bis Mitte Juni; zu anderen Zeiten gibt es nur Spargel aus außereuropäischen Ländern.

1 Den Spargel waschen, schälen und die harten Endstücke abschneiden. Die Spargelspitzen in einer Länge von ca. 4 Zentimeter abschneiden und beiseite legen. Den restlichen Spargel in feine Scheiben schneiden.
2 Die Spargelscheiben in 1 Esslöffel Butter glasig dünsten, dann mit Jodsalz und Zucker würzen. Das Gemüse mit dem Mehl bestäuben und anschwitzen lassen.
3 Dann mit der Milch, der H-Sahne und dem Wasser angießen und alles ca. 8 Minuten bei geringer Hitze kochen lassen.

4 Die Suppe im Mixer oder mit dem Pürierstab pürieren, durch ein feines Sieb passieren. Wieder in den Topf geben und aufkochen lassen. 1 Esslöffel Butter mit einem Schneebesen darunter rühren. Die Suppe nochmals mit Jodsalz, Pfeffer und Zucker abschmecken und zugedeckt warm halten.
5 Die Spargelspitzen in dem restlichen Esslöffel Butter in ca. 3 Minuten glasig dünsten und mit Jodsalz und Zucker abschmecken. Die Spargelspitzen auf Suppentellern verteilen und mit der heißen Suppe auffüllen.

TIPP Trinken Sie zu Spargelgerichten nur Weißwein oder ein anderes Getränk Ihrer Wahl, jedoch auf keinen Fall Rotwein. Im Rotwein sind Wirkstoffe enthalten, die das im Spargel reichlich enthaltene Vitamin B1 für den Organismus unbrauchbar machen.

Kalte Tomatencremesuppe

Zutaten für 2 Personen

1 kleine Zwiebel · 2 EL Olivenöl · 500 g Fleischtomaten Jodsalz, Pfeffer · 1 Prise Zucker · 500 g passierte Tomaten · 1/8 l Gemüsebrühe · 100 g H-Sauerrahm oder Schmand · etwas Muskatpulver

kcal: 267
E: 7 g
F: 7 g
K: 18 g
B: 11 g
C: 18 mg

Preis: 1,00 DM

1 Die Zwiebel abziehen und fein hacken. Das Olivenöl in einem Topf erhitzen und die Zwiebelwürfel bei schwacher Hitze glasig dünsten.

2 Die Fleischtomaten waschen und putzen, die Stielansätze herausschneiden, das Fruchtfleisch in kleine Stücke schneiden und zu den gedünsteten Zwiebeln geben. Das Ganze mit Jodsalz, Pfeffer und 1 Prise Zucker würzen.

3 Die passierten Tomaten und die Gemüsebrühe zugeben und alles etwa 10 Minuten zugedeckt kochen lassen. Die Suppe vom Herd nehmen und erkalten lassen.

4 Die Tomaten-Brühe-Mischung im Mixer oder mit dem Pürierstab fein pürieren und durch ein Sieb streichen. Den Sauerrahm unterrühren und die Tomatensuppe mit Pfeffer und Muskatpulver abschmecken.

5 Die Suppe auf 2 Teller verteilen, mit 1 Klecks Sauerrahm verzieren und kalt servieren.

TIPP Die kalte Tomatencremesuppe bekommt noch mehr Pfiff, wenn Sie klein gehackte Basilikumblätter oder dünn geschnittene Salamiwürfel untermischen. Zur Verfeinerung eignet sich auch ein Schuss Wodka oder Gin, der kurz vor dem Servieren in die Suppe gegeben wird. Als Getränk passt zu diesem Gericht ein trockener, leicht gekühlter Rotwein.

Kartoffelsuppe mit Erbsen

kcal: 489
E: 10 g
F: 24 g
K: 53 g
B: 11 g
C: 63 mg

Preis: 1,75 DM

Zutaten für 2 Personen
250 g Kartoffeln · 1 Zwiebel · 2 EL Butter
1 kleine Dose Erbsen · 1/2 l Gemüsebrühe · Jodsalz, Pfeffer
50 g H-Sahne · 2 Scheiben Toastbrot · Petersilie

1 Die Kartoffeln und die Zwiebel schälen und klein würfeln. 1 Esslöffel Butter in einem Suppentopf erhitzen und die Zwiebelwürfel darin glasig dünsten. Die Kartoffeln und etwa 2/3 der abgetropften Erbsen untermischen und mit der Gemüsebrühe angießen. Mit Jodsalz und Pfeffer kräftig würzen.
2 Die Suppe bei mittlerer Hitze etwa 15 Minuten kochen lassen, dann vom Herd nehmen.

3 Durch ein Sieb in einen zweiten Topf passieren. Die Sahne unterrühren und die restlichen Erbsen dazugeben. Mit Jodsalz und Pfeffer abschmecken und erneut erhitzen.
4 Das Toastbrot in kleine Würfel schneiden. Die restliche Butter erhitzen und das Brot darin rundum knusprig braten.
5 Die Suppe in Suppentellern verteilen und mit Toastbrotwürfeln und Petersilie bestreuen.

Wenn Sie frische Minze zu Hause haben, können Sie diese ebenfalls frisch gehackt in die Kartoffelsuppe geben.

Möhrensuppe mit Frischkäseklößchen

Zutaten für 2 Personen
200 g Möhren · 150 g Kartoffeln · 25 g Butter
3/8 l Gemüsebrühe · 1/8 l Weißwein (z. B. Soave)
60 g H-Sahne · Jodsalz, Pfeffer · 150 g Frischkäse
1 Ei · 50 g Semmelbrösel · 25 g Hinterkochschinken
frische Gartenkräuter

1 Die Möhren und die Kartoffeln schälen, in kleine Stücke schneiden. In einer Pfanne die Butter erhitzen und das Gemüse darin bei schwacher Hitze kurz andünsten. Anschließend mit der Gemüsebrühe und dem Weißwein aufgießen und gar kochen.

2 Das gegarte Gemüse zusammen mit der Flüssigkeit im Mixer oder mit dem Pürierstab fein pürieren und mit der Sahne verfeinern. Mit Jodsalz und Pfeffer würzen.

3 Für die Frischkäseklößchen den Frischkäse mit dem Ei, den Semmelbröseln, dem in kleine Würfel geschnittenen Schinken und den gehackten Kräutern vermischen. Aus der Masse mit einem Teelöffel kleine Klößchen abstechen, in kochendes Salzwasser geben und bei schwacher Hitze ca. 5 Minuten ziehen lassen.

4 Die Möhrensuppe auf Tellern anrichten und die Frischkäseklößchen darüber verteilen.

kcal: 670
E: 22 g
F: 36 g
K: 44 g
B: 6 g
C: 221 mg
Preis: 1,00 DM

Frischkäseklößchen sind die ideale Einlage für gehaltvolle Gemüsesuppen. Die Möhrensuppe können Sie auch mit Zucchini, Kohlrabi oder Fenchel kochen.

Linseneintopf mit Gemüse

kcal: 495
E: 28 g
F: 6 g
K: 76 g
B: 9 g
C: 0 mg
Preis: 1,40 DM

Als Beilage zum Linseneintopf empfiehlt sich ein herzhaftes Bauernbrot.

Zutaten für 4 Personen
1 Zwiebel • 200 g Möhren • 200 g Wirsing • 1 EL Sonnen-
blumenöl • 1 Dose Linsen mit Suppengrün • Jodsalz, Pfeffer
Majoran, Thymian, Kerbel, Kümmel • 500 g Kartoffeln

1 Die Zwiebel und die Möhren schälen und klein schneiden. Den Wirsing waschen, putzen und ebenfalls klein schneiden.
2 Das Öl in einem Topf erhitzen, die klein geschnittene Zwiebel und das Gemüse dazugeben und alles glasig dünsten.

3 Die Linsen dazugeben, mit den Gewürzen kräftig abschmecken und alles etwa 10 Minuten kochen lassen.
4 Die Kartoffeln schälen, würfeln und zum Linseneintopf geben. Weitere 10 bis 15 Minuten bissfest garen.

Spargel-Kartoffel-Suppe

kcal: 215
E: 6 g
F: 11 g
K: 21 g
B: 4 g
C: 38 mg
Preis: 0,75 DM

Zutaten für 2 Personen
250 g frischer Spargel • 1/2 l Wasser • 200 g Kartoffeln
125 g Sahne • Jodsalz, Pfeffer • geriebene Muskatnuss
frische Gartenkräuter

1 Den Spargel waschen und schälen. Die Spargelschalen in Salzwasser aufkochen und dann noch etwa 1/2 Stunde ziehen lassen.
2 In der Zwischenzeit die Kartoffeln waschen,

schälen und würfeln. Den Spargel in Stücke schneiden. Den Spargelsud durch ein Sieb in einen Topf gießen. Die Kartoffelwürfel dazugeben und etwa 20 Minuten zugedeckt weich kochen.

3 Die Kartoffeln aus dem Sud nehmen, in eine Schüssel geben und fein pürieren. Das Püree in die Brühe einrühren. Die Sahne unterziehen und das Ganze mit Jodsalz, Pfeffer, Muskatnuss und Kräutern würzen.

4 Die Suppe durch ein Sieb in einen Topf gießen, die Spargelstücke dazugeben und 15 bis 20 Minuten darin garen.

5 Die Spargel-Kartoffel-Suppe in vorgewärmte Suppentassen füllen und heiß servieren.

Zur Spargel-Kartoffel-Suppe sollten Sie geröstetes Baguette und einen Frankenwein servieren.

Tomatensalat mit Mozzarella

Zutaten für 2 Personen
400 g Tomaten • 1 Päckchen Mozzarella (125 g)
frische Basilikumblätter • 1 EL Weinessig • 1 Prise Zucker
Jodsalz, Pfeffer • 3 EL Olivenöl

kcal: 351
E: 14 g
F: 28 g
K: 7 g
B: 4 g
C: 29 mg
Preis: 1,25 DM

1 Die Tomaten waschen, putzen und in Scheiben schneiden. Den Mozzarella ebenfalls in Scheiben schneiden.

2 Mozzarella auf 2 Tellern verteilen, auf jede Scheibe 1 Tomatenscheibe setzen, mit Basilikumblättern garnieren.

3 Den Weinessig mit 1 Prise Zucker, Jodsalz und Pfeffer würzen und das Olivenöl tropfenweise mit dem Schneebesen unterschlagen. Diese Vinaigrette über den Mozzarella und die Tomatenscheiben träufeln und sofort servieren.

INFO Grüne, unreife Tomaten enthalten den Giftstoff Solanin: Er kann Kopfschmerzen, Übelkeit und Magenbeschwerden verursachen. Verwenden Sie deshalb nur rote, voll ausgereifte Tomaten. Sie sind nicht nur gesünder, sondern haben auch einen intensiveren Geschmack.

Exotischer Reissalat

kcal: **494**
E: **13 g**
F: **20 g**
K: **57 g**
B: **8 g**
C: **46 mg**

Preis: **1,15 DM**

Zutaten für 4 Personen
125 g Reis • 1 Zwiebel • 1 rote Paprikaschote • 150 g Hinter-
kochschinken • 1 Dose Mandarinen • Jodsalz, Pfeffer
100 g Mayonnaise • 1 EL Zucker • flüssige Würze
1 TL Sherry

1 Den Reis in Salzwasser gar kochen.
2 Die Zwiebel schälen und fein hacken. Die Paprikaschote waschen und würfeln. Den Schinken in Streifen schneiden.
3 Reis, Gemüse und Schinken zusammen mit den abgetropften Manda-rinen in eine Schüssel geben, mit Jodsalz und Pfeffer würzen.
4 Die Mayonnaise mit Zucker, etwas Würze und Sherry verrühren und unter den Reissalat mischen. Im Kühlschrank ca. 1/2 Stunde durch-ziehen lassen.

Statt Mandarinen schmeckt in Reissalat auch Obst wie Ananas, Bananen und Trauben. Abschmecken können Sie einen solchen süßlichen Salat sehr gut mit mit einer kräftigen Prise Curry.

Blumenkohlsalat mit Senfsauce

Zutaten für 4 Personen
1 Blumenkohl · 1 TL scharfer Senf · 1 EL Weinessig
2 EL Sonnenblumenöl · 1 TL Honig · 200 g H-Sauerrahm
Jodsalz, Pfeffer · Salatkräuter

kcal: 146
E: 5 g
F: 1 g
K: 6 g
B: 4 g
C: 19 mg
Preis: 0,65 DM

1 Blumenkohl gründlich waschen und in gleichmäßige Röschen teilen.
2 Die Röschen mit wenig Wasser bei mittlerer Hitze bissfest dünsten.
3 Den Senf, den Essig, das Sonnenblumenöl, den Honig und den Sauerrahm verrühren. Mit Jodsalz, Pfeffer und Salatkräutern würzen.
4 Die gegarten Blumenkohlröschen noch warm anrichten und mit dem Senfdressing marinieren.

Carolas Eiersalat

Zutaten für 2 Personen
6 Eier · 100 g Mayonnaise · Currypulver · Knoblauchsalz,
Jodsalz, Pfeffer · flüssige Würze · etwas klare Brühe
(Instantpulver) · Petersilie

kcal: 573
E: 24 g
F: 43 g
K: 4 g
B: 0 g
C: 749 mg
Preis: 0,75 DM

1 Die Eier hart kochen, pellen und klein hacken. Die Mayonnaise dazugeben und gut vermischen.
2 Kräftig mit Curry würzen, mit Knoblauchsalz, Jodsalz, Pfeffer, einigen Spritzern flüssiger Würze, etwas klarer Brühe und Petersilie abschmecken und das Ganze etwa 1 Stunde ziehen lassen.

TIPP Wer den Eiersalat nicht ganz so »schwer« möchte, kann die Gesamtmenge an Mayonnaise halbieren und den Rest durch fettarmen Joghurt ersetzen.

Fruchtiger Salat mit Putenbrust

kcal: 304
E: 19 g
F: 1 g
K: 12 g
B: 3 g
C: 45 mg
Preis: 2,00 DM

Zutaten für 2 Personen
150 g gekochte Putenbrust • 1/2 Eisbergsalat
150 g Erdbeeren • 1/2 Banane • Saft von 1 Zitrone • 1 TL Honig
1 EL Vollmilchjoghurt • Jodsalz • Salatkräuter

1 Die Putenbrust zunächst in dünne Scheiben, dann in Dreiecke schneiden. Den Eisbergsalat und die Erdbeeren waschen, putzen, klein schneiden und alles in eine Schüssel geben.

2 Banane zerdrücken und mit dem Zitronensaft, dem Honig und dem Joghurt pürieren. Mit Jodsalz und Salatkräutern abschmecken.
3 Den Salat mit der Sauce marinieren und servieren.

Möhren-Apfel-Bananen-Rohkost

kcal: 352
E: 9 g
F: 5 g
K: 62 g
B: 13 g
C: 1 mg
Preis: 1,50 DM

Zutaten für 2 Personen
200 g Möhren • 2 Äpfel (Granny Smith) • 1 Banane
50 g fettarmer Joghurt • 1 EL Haselnusskerne • 1 Zitrone
1 Prise Jodsalz • 1 EL Honig • 2 Vierkornbrötchen

1 Möhren unter fließendem Wasser kräftig abbürsten. Äpfel waschen, vierteln und die Kerngehäuse entfernen.
2 Möhren und Äpfel fein raspeln, die Bananen schälen, in kleine Würfel schneiden und alles mischen. Den Joghurt und

die zuvor gemahlenen Nüsse darunter heben.
3 Die Rohkost mit dem Saft der Zitrone, dem Jodsalz und dem Honig abschmecken. Die Möhren-Apfel-Bananen-Rohkost auf 2 Teller verteilen und mit den Vierkornbrötchen servieren.

Nudelsalat mit Krabben

Zutaten für 4 Personen
150 g Bandnudeln · 200 g frische Champignons
250 g Fleischtomaten · 1 Dose Thunfisch im eigenen Saft
200 g Krabben · 6 EL Olivenöl · Saft von 1 Zitrone · Petersilie
Jodsalz, Pfeffer · 1 Prise Zucker · flüssige Würze

kcal: 420
E: 26 g
F: 9 g
K: 28 g
B: 4 g
C: 45 mg

Preis: 1,75 DM

1 Die Bandnudeln in kochendem Salzwasser mit etwas Öl nach Packungsanweisung bissfest garen. Anschließend abgießen und in einem Sieb gut abtropfen lassen.
2 Die Champignons waschen, putzen und vierteln. Die Tomaten waschen, die Stielansätze entfernen und das Fruchtfleisch in Würfel schneiden. Den Thunfisch in einem Sieb gut abtropfen lassen und mit einer Gabel zerpflücken.

3 Die Nudeln mit den abgetropften Krabben und den vorbereiteten Zutaten mischen.
4 Das Olivenöl mit dem Saft der Zitrone verrühren. Mit Petersilie, Jodsalz, Pfeffer und 1 Prise Zucker würzen und je nach Gusto mit etwas flüssiger Würze abschmecken.
5 Die Marinade über den Nudelsalat gießen und das Ganze an einem kühlen Ort noch etwa 1/2 Stunde gut durchziehen lassen.

Wenn Sie es gehaltvoller mögen, können Sie anstelle von Olivenöl und Zitronensaft auch Mayonnaise unter die Nudeln mischen.

INFO Wussten Sie, dass Nudeln längst nicht die gefährlichen Dickmacher sind, als die sie jahrelang galten? Nudeln haben einen besonders hohen Gehalt an Kohlenhydraten, die für unsere Leistungs- und Konzentrationsfähigkeit von großer Bedeutung sind. Die eigentlichen Kalorienbomben sind hingegen die sahnigen Saucen, die häufig zu den Nudeln gereicht werden.

Raviolisalat

kcal: 293
E: 8 g
F: 20 g
K: 15 g
B: 2 g
C: 266 mg
Preis: 1,75 DM

Zutaten für 4 Personen
1 Dose Ravioli • 1/2 Glas Essiggurken
1/2 Glas Tomatenpaprika • 100 g Mayonnaise
1 Prise Zucker • Jodsalz, Pfeffer • Petersilie

1 Die Ravioli in eine große Schüssel geben.
2 Die Essiggurken und die Tomatenpaprika in einem Sieb gut abtropfen lassen und in kleine Stücke schneiden. Unter die Ravioli mischen.

3 Die Mayonnaise unterrühren und alles mit Zucker, Jodsalz und Pfeffer würzen. Mit Petersilie abschmecken.
4 Den Salat im Kühlschrank noch ca. 1 Stunde gut durchziehen lassen.

Rotkrautsalat mit Thunfisch

kcal: 196
E: 9 g
F: 7 g
K: 21 g
B: 8 g
C: 11 mg
Preis: 1,00 DM

Zutaten für 2 Personen
1/2 Kopf Rotkohl • 1 Zwiebel • 4 EL Weinessig
1 Dose Thunfisch in Öl • Jodsalz, Pfeffer
einige Salatblätter zum Garnieren

1 Rotkohl putzen, vierteln und in feine Streifen schneiden. Die Zwiebel abziehen und fein hacken.
2 Das Gemüse in eine Schüssel geben, mit dem Essig und dem Thunfischsud übergießen und alles gut vermengen. Mit Jodsalz und Pfeffer würzen.

3 Den Thunfisch in kleine Stücke schneiden und vorsichtig unter den Rotkohlsalat mischen.
4 Teller mit Salatblättern auslegen und den Krautsalat darauf geben. Vor dem Servieren im Kühlschrank noch ca. 1 Stunde gut durchziehen lassen.

Vitaminsalat

Zutaten für 4 Personen

je 1 rote, grüne und gelbe Paprikaschote • 1 Zwiebel
2 Orangen • 1 Apfel (Granny Smith) • 4 Kiwis • 7 EL Olivenöl
6 EL Weinessig • Jodsalz, Pfeffer • 1 Prise Zucker

kcal: 313
E: 4 g
F: 19 g
K: 27 g
B: 8 g
C: 0 mg

Preis: 0,90

1 Paprikaschoten waschen, vierteln, entkernen und in Streifen schneiden. Die Zwiebel abziehen und in feine Ringe schneiden.
2 Die Orangen schälen, halbieren und in Scheibchen schneiden. Den Apfel und die Kiwis schälen und in mundgerechte Stücke schneiden.

3 Die Zutaten locker miteinander vermischen und in 4 Glasschüsselchen verteilen.
4 Für die Marinade das Olivenöl und den Weinessig mit Jodsalz, Pfeffer und Zucker abschmecken und gleichmäßig in die vorbereiteten Glasschüsselchen verteilen.

Weinsauerkrautsalat

Zutaten für 4 Personen

2 Äpfel (Braeburn) • 1 Dose Mandarinen
300 g Weinsauerkraut • 100 g Sahnequark • 1 EL H-Sauerrahm • Saft von 1 Zitrone • Jodsalz, Pfeffer

kcal: 132
E: 5 g
F: 4 g
K: 17 g
B: 5 g
C: 11 mg

Preis: 0,75 DM

1 Die Äpfel schälen, entkernen und würfeln. Die Mandarinen gut abtropfen lassen. Weinsauerkraut mit dem Obst in eine Schüssel geben und gut vermischen.

2 Für die Salatsauce den Quark mit dem Sauerrahm verrühren und mit Zitronensaft, Jodsalz und Pfeffer abschmecken. Über den Salat geben und gut durchziehen lassen.

Honigmelone mit Lachsschinken

kcal: 212
E: 9 g
F: 12 g
K: 16 g
B: 2 g
C: 30 mg
Preis: 0,90 DM

Zutaten für 4 Personen
1 Honigmelone • 150 g Lachsschinken

1 Die Melone halbieren, dann entkernen und in Spalten schneiden. Auf Tellern anrichten.

2 Den in dünne Scheiben geschnittenen Lachsschinken gleichmäßig darüber verteilen.

INFO Anstelle von Vitamin-C-Präparaten aus der Apotheke können Sie mit Melonen vor allem im Sommer Ihren persönlichen Vitamin-C-Bedarf optimal decken – köstlich, durstlöschend und gesund.

Krabbencocktail

kcal: 325
E: 30 g
F: 15 g
K: 9 g
B: 2 g
C: 256 mg
Preis: 6,50 DM

Zutaten für 2 Personen
1/4 Eisbergsalat • 200 g Tomaten • 200 g Krabben
3 EL Mayonnaise • 50 g Vollmilchjoghurt • 1 EL Ketchup
Jodsalz, Pfeffer

1 Den Eisbergsalat waschen, putzen und in mundgerechte Stücke zerpflücken.
2 Die Tomaten waschen, putzen und in kleine Würfel schneiden.
3 Die Krabben abtropfen lassen, zusammen mit dem Gemüse in eine Schüssel geben und vermengen.

4 Mayonnaise, Joghurt und Ketchup verrühren, mit Jodsalz und Pfeffer würzen. Das Dressing mit den anderen Zutaten vermengen.
5 Den Krabbencocktail in zwei große Schalen verteilen und im Kühlschrank noch ca. 1/2 Stunde durchziehen lassen.

Gefüllte Grapefruits

Zutaten für 2 Personen
2 Grapefruits • 100 g Feldsalat • 3 EL Weinessig
Jodsalz, Pfeffer • 4 EL Olivenöl • 100 g fettarmer Joghurt
1 EL Haselnusskerne

kcal: 354
E: 5 g
F: 25 g
K: 20 g
B: 2 g
C: 3 mg
Preis: 1,50 DM

1 Von den Grapefruits das obere Drittel abschneiden. Das Fruchtfleisch mit einem scharfen Löffel herauslösen und in kleine Würfel schneiden. In eine Schüssel geben.
2 Den Feldsalat putzen, waschen und ebenfalls in die Schüssel geben.
3 Für das Dressing den Essig mit Salz und Pfeffer verrühren. Anschließend das Öl langsam unter Rühren zugießen.
4 Das Dressing über den Grapefruitsalat geben und 5 Minuten ziehen lassen.
5 Die ausgehöhlten Grapefruits mit dem Salat füllen, Joghurt darüber geben, mit gehackten Haselnusskernen bestreuen und servieren.

Feldsalat und Zitrusfrüchte sind eine ideale Kombination: Vitamin C verbessert die Verwertbarkeit der in Grünsalaten enthaltenen Nährstoffe beträchtlich.

Hauptgerichte und kleine Snacks

Mit ALDI-Produkten können Sie für wenig Geld abwechslungsreiche und wohlschmeckende Mahlzeiten zubereiten. Obst und Gemüse, Milchprodukte und das breite Angebot an Käse-, Wurst- und Fischwaren lassen sich mit Grundnahrungsmitteln zu vollwertigen Gerichten kombinieren. Frische wird dabei groß geschrieben. Sollten Sie dennoch das eine oder andere Obst oder Gemüse nicht bekommen, weil es aus saisonalen Gründen gerade nicht im Angebot ist, dann können Sie es entweder durch andere Sorten ersetzen oder auf Dosenware zurückgreifen.

Deftiges mit und ohne Fleisch

Auch als Vegetarier kommen Sie bei ALDI voll auf Ihre Kosten. Viele der folgenden Rezepte enthalten weder Fisch noch Fleisch und lassen sich somit ohne Probleme in eine vegetarische Lebensweise integrieren. Kombiniert mit Vorspeisen, Salaten oder Suppen, mit Desserts oder fruchtigen Drinks, lassen sich die Hauptgerichte ganz einfach zu Menüs oder einem Buffet zusammenstellen, und Sie können Ihre Freunde zu einer ALDI-Party einladen. Die Snacks eignen sich als leichte Mahlzeit am Abend oder lassen sich mit einem Salat in ein köstliches Hauptgericht verwandeln. Und denken Sie daran: Das Auge isst mit! Richten Sie deshalb die Gerichte liebevoll an, decken Sie den Tisch schön ein, und sorgen Sie für eine harmonische Atmosphäre.

Die folgenden Rezepte enthalten nur wenig Fleisch, weil ALDI in erster Linie haltbare Grundnahrungsmittel anbietet. Aber auch aus Beilagen wie Nudeln, Reis, Klößen und Kartoffeln können Sie mit Gemüse und Milchprodukten vielseitige und eigenständige Gerichte zaubern.

Bandnudeln mit Lachs-Gemüse-Sauce

kcal: 606
E: 37 g
F: 23 g
K: 53 g
B: 4 g
C: 148 mg

Preis: 2,00 DM

Zutaten für 4 Personen

250 g Bandnudeln • 200 g Fleischtomaten • 400 g Zucchini 100 ml Gemüsebrühe • 1 EL Speisestärke • 250 g Magerquark • 200 g H-Sahne • 30 g geriebener Emmentaler Jodsalz, Pfeffer • Paprikapulver • 200 g Lachs

1 Die Bandnudeln in reichlich Salzwasser bissfest kochen.

2 In der Zwischenzeit für die Sauce die Tomaten und Zucchini waschen, putzen und in kleine Würfel schneiden. In einem Topf mit ca. 100 Milliliter Gemüsebrühe kurz dünsten. Anschließend das Gemüse mit einem Schaumlöffel herausnehmen und beiseite stellen.

3 Die Speisestärke mit etwas Wasser glatt rühren und zu der Gemüseflüssigkeit geben. Dann den Quark, die Sahne und

den geriebenen Emmentaler dazugeben und alles gut vermengen.

4 Das Ganze bei niedriger Hitze unter Rühren zu einer sämigen Sauce einkochen lassen. Mit Jodsalz, Pfeffer und Paprikapulver kräftig abschmecken. Zum Schluss das gegarte Gemüse und den in feine Streifen geschnittenen Lachs unterheben.

5 Die abgetropften Bandnudeln auf Tellern anrichten und mit der Lachs-Gemüse-Sauce servieren.

Je nach Geschmack können Sie die Lachssauce mit Salatkräutern oder mit einem Schuss Weißwein verfeinern.

INFO Lachs ist reich an hochwertigem Eiweiß, seine ungesättigten Fette schützen Herz- und Kreislaufsystem, spezielle Wirkstoffe (Ubichinone) beugen Allergien vor. B-Vitamine stärken die Nerven, und Vitamin D kräftigt die Knochen.

Blumenkohlauflauf

Zutaten für 2 Personen

1 kleiner Blumenkohl · 1 EL Zitronensaft (Citrovin)
1 Ei · 7 EL H-Milch, 1,5 % · 50 g H-Sahne · 2 EL Butter
50 g geriebener Emmentaler · Jodsalz, Pfeffer · Muskat-
pulver · 30 g Semmelbrösel · Margarine zum Ausfetten
der Form

kcal: 486
E: 22 g
F: 32 g
K: 21 g
B: 8 g
C: 208 mg
Preis: 1,25 DM

1 Den Blumenkohl waschen, putzen und in kleine Röschen teilen. Die Röschen in reichlich kochendem Wasser 2 bis 3 Minuten garen. Abgießen, in einem Sieb gut abtropfen lassen und in eine flache, gefettete Auflaufform geben. Mit dem Zitronensaft beträufeln.

2 Das Ei mit der H-Milch und der H-Sahne verquirlen. Die Butter bei niedriger Temperatur schmelzen. Dann alles miteinander vermischen und den geriebenen Emmentaler unterrühren. Mit Jodsalz, Pfeffer und Muskatnuss würzen.

3 Die Eier-Käse-Milch über den Blumenkohl gießen und die Semmelbrösel darüber streuen.

4 Den Blumenkohlauflauf im Backofen bei einer Temperatur von 200 °C backen, bis er oben schön gebräunt ist.

INFO Blumenkohl wird am besten nur mit Salz und Muskatnusspulver gewürzt. Käse verträgt sich ebenfalls gut mit dem nur leicht charakteristischen Geschmack. Schütten Sie das Blumenkohlkochwasser nicht weg, denn es enthält viele Spurenelemente. Mit etwas Salz gewürzt und im Kühlschrank gut gekühlt, ist es ein erfrischendes Sommergetränk. Blumenkohl kann heiß als Gemüse gegessen werden, aber auch kalt als Zutat zu Salaten und Rohkostplatten.

Bratkartoffeln mit frischem Spargel und Spiegelei

kcal: 616
E: 17 g
F: 44 g
K: 31 g
B: 9 g
C: 274 mg

Preis: 1,00 DM

Zutaten für 2 Personen

250 g Kartoffeln · Jodsalz · 500 g frischer Spargel (ersatzweise Spargel aus dem Glas) · 50 g Bauchspeck 1 Zwiebel · 2 EL Distelöl · 1 EL Butter · 2 Eier

1 Die Kartoffeln schälen und mit dem Gemüsehobel fein hobeln. Die Kartoffelscheiben mit Jodsalz würzen und auf Küchenpapier abtropfen lassen.
2 Den Spargel schälen und in ca. 2 Zentimeter dicke Stücke schneiden. Spargelköpfe ganz lassen.
3 Den Speck und die Zwiebel fein hacken. Den Speck im heißen Öl in einer großen Pfanne auslassen. Anschließend die Zwiebeln dazugeben und ebenfalls andünsten.

4 Den Spargel und die Kartoffelscheiben in die Pfanne geben und zunächst ca. 5 Minuten zugedeckt garen, dann den Deckel abnehmen und den Spargel und die Kartoffeln in ca. 10 Minuten knusprig braten.
5 In der Zwischenzeit die Butter in einer anderen Pfanne erhitzen und 2 Spiegeleier braten.
6 Die Bratkartoffeln mit dem Spargel auf Tellern anrichten und jeweils ein Spiegelei darauf setzen.

TIPP Schälen ist nur bei weißem Spargel nötig: Die Stange am Kopf fassen und mit dem unteren Ende auf Ihr Handgelenk legen – frischer Spargel braucht diese Stütze, damit er nicht bricht. Den Schäler etwas unterhalb des Spargelkopfes ansetzen und nach unten führen. Zum Schluss das Spargelende genau da abschneiden, wo Sie bei leichtem Druck keinen Widerstand mehr spüren; dann haben Sie den holzigen Teil erwischt.

Brokkoli-Käse-Terrine

Zutaten für 4 Personen

1 kg Brokkoli • 2 Eier • 3 Eigelbe • 200 g Schmand
200 g Esromkäse • Jodsalz, Pfeffer • Knoblauchpulver
Saft von 1/2 Zitrone • Margarine zum Ausfetten der Form

kcal: 460
E: 27 g
F: 32 g
K: 9 g
B: 9 g
C: 419 mg
Preis: 1,00 DM

1 Den Brokkoli waschen, putzen und schöne kleine Röschen für die Einlage beiseite legen. Den restlichen Brokkoli (auch die Stiele) klein schneiden und in Salzwasser weich kochen. Anschließend in kaltem Wasser abschrecken. Die Röschen ebenfalls kurz blanchieren und kalt abschrecken.

2 Das Gemüse mit dem Pürierstab pürieren und dann mit den Eiern, den Eigelben und dem Schmand verrühren.

3 Den Käse in kleine Würfel schneiden und zusammen mit den Brokkoliröschen unter das Püree heben. Mit Jodsalz, Pfeffer und Knoblauchpulver würzen und mit dem Zitronensaft verfeinern.

4 Eine feuerfeste Kastenform ausfetten und die Brokkoli-Käse-Masse hineinfüllen.

5 Die Form in eine zweite feuerfeste Form stellen und diese bis knapp unter den Rand mit heißem Wasser füllen. Im Backofen bei 160 °C ca. 50 Minuten backen.

6 Anschließend die Terrine vorsichtig stürzen, in Scheiben aufschneiden und servieren.

Brokkoli sollte beim Einkauf immer schön grün sein. Wenn er zu blühen beginnt, die Knospen also gelblich werden, schmeckt er meist bitter und sollte nicht mehr verwendet werden.

INFO Um die in Brokkoli enthaltenen Nährstoffe perfekt zu verwerten, kombiniert man ihn am besten mit biotinhaltigem Gemüse, das man als zweite Beilage oder als Vorspeise servieren kann. Dazu gehören Tomaten, Avocados oder Spinat.

Champignons mit Nusssauce und Reis

kcal: 642
E: 20 g
F: 35 g
K: 55 g
B: 9 g
C: 83 mg
Preis: 1,75 DM

Zutaten für 2 Personen

400 g frische Champignons (ersatzweise Champignons aus der Dose) • 1 kleine Zwiebel • 2 EL Butter • Petersilie 100 g Reis • 2 EL Haselnusskerne • 1 EL Mehl • 175 ml H-Milch, 1,5 % • 100 ml Gemüsebrühe • 40 g H-Sahne • 30 g Gouda Jodsalz, Pfeffer

1 Die Champignons waschen und putzen, die Zwiebel abziehen und fein hacken. 1 Esslöffel Butter in einer Pfanne erhitzen und das Gemüse darin dünsten. Die Petersilie dazugeben und alles gut verrühren.

2 Den Reis in Salzwasser gar kochen.

3 Für die Sauce die restliche Butter erhitzen und die fein gehackten Haselnüsse darin anrösten. Das Mehl darüber streuen und mit der H-Milch und der Gemüsebrühe ablöschen. Noch einmal kurz aufkochen lassen.

4 Zum Schluss die H-Sahne und den geriebenen Gouda unterziehen. Die Sauce mit Jodsalz und Pfeffer abschmecken.

5 Die Champignons auf Tellern anrichten, mit der Sauce überziehen und mit dem Reis servieren.

INFO Nüsse gehören zu den besten Hirnversorgern, die es gibt. Sie enthalten hochwertige Proteine, wichtige B-Vitamine und zahlreiche Mineralien. Von Walnüssen ist mittlerweile bekannt, dass sie die Blutgefäße im Hirn vor Cholesterinablagerungen schützen.

Nüsse eignen sich als Zutat zu allen möglichen Speisen, vor allem zu Gebäck, Quark, Dickmilch und Joghurt, aber auch zu Salaten und warmen Speisen.

Französischer Zwiebelkuchen

Zutaten für 4 Personen
Teig: 250 g Mehl · 125 g Butter · 65 ml Wasser
5 g Jodsalz
Belag: 150 g Bauchspeck · 1,5 kg Zwiebeln
Jodsalz, Pfeffer · Kümmel · 2 Eier · 125 g H-Sahne
50 g geriebener Emmentaler · Butter oder
Margarine zum Ausfetten der Form

kcal: 1055
E: 21 g
F: 75 g
K: 64 g
B: 17 g
C: 264 mg
Preis: 1,00 DM

1 Das Mehl, die weiche Butter, das Wasser und das Salz in eine Schüssel geben und mit den Knethaken des Handrührgeräts zu einem geschmeidigen Teig kneten. Eine Springform ausfetten und diese mit dem Teig auslegen.

2 Den Bauchspeck würfeln und in einem großen Topf anbraten.

3 Die Zwiebeln abziehen, grob hacken und in den Topf geben. Kurze Zeit dünsten und mit Jodsalz, Pfeffer und Kümmel kräftig würzen.

4 Die Eier mit der Sahne verquirlen und den geriebenen Emmentaler darunter mischen.

5 Die gedünstete Zwiebel-Speck-Masse auf den ausgelegten Teig geben, mit der Eiersahne übergießen und im Backofen bei einer Temperatur von 200 °C 30 bis 40 Minuten backen.

Zum Zwiebelkuchen sollten Sie einen gut gekühlten Apfelcidre servieren.

INFO Zwiebeln sind reich an Vitamin C und enthalten bioaktive Substanzen (Allizin), die keimtötend wirken und das Immunsystem stärken. Doch damit ist ihr Wirkungsspektrum noch lange nicht erschöpft. Sie wirken vorbeugend gegen Magenkrebs und hemmen die Gerinnung innerhalb der Blutgefäße. In jüngerer Zeit verdichten sich auch die Hinweise darauf, dass Zwiebeln den Blutfettspiegel normalisieren und sogar senken.

Gebratene Semmelknödel mit mexikanischer Gemüseplatte

kcal: 756
E: 26 g
F: 38 g
K: 66 g
B: 9 g
C: 246 mg
Preis: 0,75 DM

Zutaten für 4 Personen

*1 Packung Semmelknödel im Kochbeutel · 200 g Tomaten
1 Dose mexikanische Gemüseplatte · 200 g Sauerrahm oder
Schmand · Jodsalz, Pfeffer · Paprikapulver · Petersilie
1 EL Butter · 30 g geriebener Emmentaler*

1 Die Semmelknödel nach Packungsanweisung zubereiten.

2 Die Tomaten kreuzweise einschneiden und mit heißem Wasser überbrühen. Dann die Haut abziehen, die Tomaten klein schneiden und zusammen mit der Gemüseplatte in einem Topf erhitzen.

3 Den Sauerrahm hinzufügen und das Ganze bei geringer Hitze leicht einkochen lassen. Mit Jodsalz, Pfeffer, Paprikapulver und Petersilie kräftig würzen.

4 Die Semmelknödel in ca. 1 Zentimeter dicke Scheiben schneiden und in einer Pfanne mit Butter von beiden Seiten bräunen.

5 Das Gemüse und die gebratenen Semmelknödel auf Tellern anrichten und mit geriebenem Käse bestreuen.

Gebratenes Salatgemüse mit Spiegelei

Zutaten für 2 Personen

*400 g Tomaten · 1/2 Eisbergsalat · 100 g frische
Champignons · 2 EL Margarine · 100 g Schinkenwürfel
1 Prise Zucker · etwas flüssige Würze · Jodsalz, Pfeffer
Salatkräuter · 2 Eier*

1 Die Tomaten waschen, putzen und würfeln. Den Eisbergsalat waschen und in ca. 2 Zentimeter dicke und 4 Zentimeter lange Streifen schneiden. Die Champignons putzen und in mundgerechte Stücke schneiden.

2 1 Esslöffel Margarine in einer Pfanne erhitzen und die Schinkenwürfel darin anbraten. Dann die Tomaten, den Eisbergsalat und die Champignons dazugeben und alles ca. 5 Minuten unter ständigem Rühren dünsten.

3 Mit 1 Prise Zucker, etwas flüssiger Würze sowie Jodsalz und Pfeffer würzen und mit Salatkräutern abschmecken.

4 Die Eier in einer anderen Pfanne mit 1 Esslöffel Margarine zu Spiegeleiern braten. Mit Jodsalz und Pfeffer würzen.

5 Das gebratene Salatgemüse auf Tellern anrichten und je 1 Spiegelei darauf setzen.

kcal: 365
E: 22 g
F: 25 g
K: 8 g
B: 5 g
C: 284 mg
Preis: 1,75 DM

Kartoffel-Lachs-Gratin

Zutaten für 2 Personen

*500 g Kartoffeln · 100 g Lachs · 200 g H-Sahne
50 g H-Sauerrahm · 50 g geriebener Emmentaler · Jodsalz,
Pfeffer · Petersilie · Margarine zum Ausfetten der Form*

kcal: 754
E: 31 g
F: 44 g
K: 47 g
B: 6 g
C: 169 mg
Preis: 2,00 DM

1 Die Kartoffeln schälen und in dünne Scheiben schneiden. Den Lachs in Streifen schneiden.

2 Die Kartoffeln und den Lachs in eine gefettete Auflaufform schichten.

3 Die Sahne mit dem Sauerrahm und dem geriebenen Emmentaler vermischen und mit Jodsalz, Pfeffer und Petersilie würzen. Über dem Kartoffel-Lachs-Auflauf verteilen und im Backofen bei einer Temperatur von 200 °C 40 bis 45 Minuten garen.

Gebratener Wirsing mit herzhaftem Kartoffelpüree

kcal: 709
E: 30 g
F: 31 g
K: 68 g
B: 13 g
C: 264 mg

Preis: 1,40 DM

Zutaten für 4 Personen
1 Wirsing · 1 kg Kartoffeln · 1/4 l H-Milch, 1,5 %
120 g Blauschimmelkäse · Jodsalz, Pfeffer · Schnittlauch
4 Eier · 75 g Semmelbrösel · 5 EL Olivenöl

Wenn Sie keinen Blauschimmelkäse mögen, können Sie ihn natürlich auch weglassen oder durch einen milderen Käse wie z. B. Gouda ersetzen.

1 Den Wirsingkohl waschen, putzen, vierteln und in ca. 4 Zentimeter dicke Spalten schneiden. Die einzelnen Wirsingspalten mit Holzspießen zusammenstecken, damit sie nicht auseinander fallen. Ins kochende Salzwasser legen und ca. 5 Minuten garen.
2 Für das Püree die Kartoffeln schälen und am besten im Dampfdruckkochtopf garen. Anschließend die Kartoffeln mit der Milch pürieren, so dass das Püree glatt und cremig wird. Notfalls etwas Kartoffelkochwasser hinzufügen.
3 Den Blauschimmelkäse in kleine Würfel schneiden, unter das Püree geben und alles mit Jodsalz, Pfeffer und Schnittlauch würzen.
4 Zum Schluss die blanchierten Wirsingspalten zuerst in verquirltem Ei, dann in Semmelbröseln wälzen und in heißem Olivenöl auf beiden Seiten goldbraun ausbacken.
5 Den gebratenen Wirsing auf Tellern anrichten und das Kartoffelpüree dazu servieren.

INFO Gerade in der Winterzeit ist Wirsing ein hervorragender Vitamin-C-Lieferant. Das sehr variable Gemüse eignet sich für herzhafte Eintöpfe; seine Blätter kann man aber auch zu so genannten Wirsingrouladen verarbeiten. Als Beilage reicht man ihn »al dente« als Gemüse oder püriert als Wirsingmus.

Gefüllte Paprikaschoten mit Schafskäse

Zutaten für 2 Personen

je 1 rote und gelbe Paprikaschote • 2 Zwiebeln • 1 EL Olivenöl
50 g Reis • 100 g Gemüsemais • 50 g Feta • Jodsalz, Pfeffer
Petersilie
Sauce: 1 EL Olivenöl • 1 Zwiebel • 1 grüne Paprikaschote
100 g passierte Tomaten • etwas Gemüsebrühe

kcal: 421
E: 13 g
F: 17 g
K: 49 g
B: 13 g
C: 15 mg
___
Preis: 1,00 DM

1 Die Paprikaschoten waschen und längs halbieren. Von den Rippen und Kernen befreien.

2 Die Zwiebeln abziehen und in feine Ringe schneiden. 1 Esslöffel Olivenöl in einem Topf erhitzen, die Zwiebelringe hinzufügen und glasig dünsten. Dann den Reis, den Mais und den Schafskäse dazugeben und mit Jodsalz, Pfeffer und Petersilie würzen.

3 Diese Masse mit einem Löffel in die Paprikahälften füllen.

4 Für die Sauce das restliche Olivenöl erhitzen, die fein gehackte Zwiebel und die fein gewürfelte Paprikaschote hinzufügen und andünsten. Mit Tomatenpüree und nach Geschmack mit etwas Gemüsebrühe auffüllen. Mit Jodsalz und Pfeffer abschmecken.

5 Die Paprikaschoten in die Sauce geben und ca. 45 Minuten bei niedriger Hitze zugedeckt schmoren lassen.

6 Die Paprikaschoten auf Tellern anrichten.

Zu den gefüllten Paprikaschoten sollten Sie geröstetes Baguette reichen.

INFO Paprikaschoten gibt es bei uns das ganze Jahr über. Die höchsten Vitaminkonzentrationen (C und A) haben die gelben und roten Früchte. Gemessen an Wirkstoffreichtum und Geschmack, zählt die Paprika zu den preiswertesten Gemüsen überhaupt.

Gemüsestrudel

kcal: **795**
E: **27 g**
F: **26 g**
K: **101 g**
B: **16 g**
C: **59 mg**

Preis: **1,40 DM**

Zutaten für 4 Personen

300 g Mehl · 4 EL Sonnenblumenöl · 1 Prise Jodsalz
150 ml lauwarmes Wasser · 3 Möhren · 1 mittelgroße
Zucchini · 1 Dose Gemüsemais · 200 g Hinterkoch-
schinken · Jodsalz, Pfeffer · 1 TL klare Brühe
Butter zum Bestreichen

1 Mehl auf eine Arbeitsfläche sieben und in die Mitte eine Mulde drücken. Öl, 1 Prise Jodsalz und lauwarmes Wasser nach und nach in die Vertiefung geben. Mit einem Kochlöffel so lange rühren, bis ein mittelfester Teig entsteht. Diesen kneten, bis er glatt und geschmeidig ist. Das Brett mit Mehl bestäuben, den Teig darauf legen und mit Öl bestreichen. Zugedeckt ca. 30 Minuten ruhen lassen.

2 In der Zwischenzeit die Möhren und Zucchini grob raspeln oder in dünne Stifte schneiden. Den Mais abtropfen lassen.

3 Ein großes Geschirrtuch mit Mehl bestäuben. Den Teig halbieren, mit der geölten Seite nach oben auf das Tuch legen, dünn ausrollen und mit den Händen 2 Rechtecke von 40 mal 30 Zentimeter ausziehen.

4 Die Schinkenscheiben darauf legen, das Gemüse gleichmäßig auf dem vorderen Drittel verteilen. Mit Jodsalz, Pfeffer und klarer Brühe würzen.

5 Den Schmand auf den Strudeln verteilen, mit Hilfe des Geschirrtuchs zusammenrollen und auf ein Blech setzen.

6 Die Strudel mit geschmolzener Butter bestreichen und im Backofen bei 200 °C 40 bis 45 Minuten goldbraun backen. Zwischendurch mehrmals mit flüssiger Butter bestreichen.

Zum Gemüsestrudel können Sie Kartoffelgratin oder Sauce hollandaise servieren. Dazu schmeckt ein kühler Weißwein ausgesprochen gut.

Saftiger Strudel aus Österreich und Calzone, gefüllte Pizza, aus Italien standen bei diesem köstlichen Gemüsegericht Pate.

Herzhafter Quarkauflauf

Zutaten für 2 Personen
500 g Magerquark • 1 Ei • 75 g Esromkäse • 100 g H-Sauerrahm • Jodsalz, Pfeffer • Knoblauchpulver • frisch gehackte Kräuter nach Wahl • 30 g Weizengrieß • Butter oder Öl zum Ausfetten der Form

kcal: 481
E: 48 g
F: 18 g
K: 22 g
B: 0 g
C: 162 mg
Preis: 1,00 DM

1 Den Quark in ein Tuch geben und die Flüssigkeit ausdrücken. Das Ei trennen. Den Käse reiben.
2 Den Quark in einer Schüssel mit dem H-Sauerrahm und dem Eigelb verrühren und mit Jodsalz, Pfeffer, Knoblauchpulver und frisch gehackten Kräutern vermischen.

3 Das Eiweiß steif schlagen. Mit dem geriebenen Käse und dem Grieß über die Quarkmasse streuen und locker unterheben.
4 Eine Auflaufform ausfetten und die Quarkmasse hineingeben. Dann im Backofen bei einer Temperatur von 180 °C ca. 45 Minuten backen.

Gratinierter Gemüsereis

kcal: 747	
E: 25 g	
F: 25 g	
K: 86 g	
B 13 g	
C: 8 mg	

Preis: 2,00 DM

Zutaten für 2 Personen

150 g Möhren • 150 g Zucchini • 1 rote Paprikaschote
2 EL Olivenöl • Jodsalz, Pfeffer • 2 große Zwiebeln
200 g Reis • Currypulver • 1/8 l Gemüsebrühe • Knoblauch-
salz • Zitronensaft • 1 Päckchen Mozzarella (125 g)
Petersilie

1 Das Gemüse putzen und klein schneiden. In 1 Esslöffel Olivenöl und etwas Wasser bei geringer Hitze dünsten. Mit Jodsalz und Pfeffer würzen.

2 Die Zwiebeln würfeln und im restlichen Olivenöl glasig dünsten. Den Reis zugeben und einige Minuten bei starker Hitze anrösten, dabei ständig umrühren. So viel Wasser angießen, dass der Reis gerade bedeckt ist. Mit Jodsalz und Currypulver würzen.

3 Den Reis bei geringer Hitze kochen lassen. Sobald die Flüssigkeit aufgenommen ist, mit der Brühe auffüllen und fertig garen. Dann mit dem gedünsteten Gemüse mischen und mit Knoblauchsalz, Pfeffer und etwas Zitronensaft abschmecken. Nach Bedarf mit Curry und Jodsalz nachwürzen.

4 Den Gemüsereis in eine feuerfeste Form geben und mit dem in Scheiben geschnittenen Mozzarella bedecken. Im vorgeheizten Backofen bei 200 °C ca. 15 Minuten überbacken.

5 Vor dem Servieren mit Petersilie bestreuen.

Zum Gemüsereis passt ein kräftiger Weißwein wie z. B. Soave.

INFO Wussten Sie, dass parboiled Reis als Naturreis mit Heißdampf behandelt wird, der die wertvollen Inhaltsstoffe ins Korn transportiert? Parboiled Reis enthält somit noch viele wichtige Vitamine und Mineralstoffe.

Möhren-Spargel-Gemüse mit Schwarzwälder Schinken

Zutaten für 4 Personen

500 g Möhren · 400 g frischer Spargel · 1 kleine Zwiebel
2 EL Butter · 1/8 l Gemüsebrühe · Jodsalz, Pfeffer
1 Prise Zucker · 2 EL Mandeln · 2 Eigelbe · 50 g Butter
1 Zitrone · 200 g Schwarzwälder-Schinken-Aufschnitt

kcal: 596
E: 12 g
F: 54 g
K: 11 g
B: 7 g
C: 246 mg
Preis: 1,90 DM

1 Möhren und Spargel schälen und der Länge nach in dünne Scheiben hobeln.

2 Die Zwiebel klein würfeln und in Butter glasig dünsten. Das Gemüse hinzufügen und kurz andünsten. Mit der Brühe aufgießen und zugedeckt bei geringer Hitze ca. 5 Minuten dünsten. Mit Jodsalz, Pfeffer und Zucker würzen.

3 Für die Mandelcreme die Mandeln mit heißem Wasser übergießen, kurz einweichen und dann die Schale abziehen. Mit einer Mühle fein mahlen.

4 Dann die Eigelbe, etwas Gemüsefond, Jodsalz und Pfeffer in einer runden Schüssel im warmen Wasserbad mit dem Schneebesen cremig schlagen, dabei nach und nach kalte Butterflöckchen unterschlagen.

5 Die Zitrone waschen und etwas Zitronenschale abreiben. Zusammen mit den gemahlenen Mandeln unter die Creme heben.

6 Das Gemüse auf Tellern anrichten, mit der Mandelcreme überziehen und den Schwarzwälder Schinken separat auf einem Teller dazu reichen.

Als Beilage zu diesem Gericht empfehlen sich geröstete Pellkartoffeln.

INFO Spargel ist reich an Vitaminen und Mineralstoffen. Kaliumsalze und Asparaginsäure regen die Nierentätigkeit an. Abbauprodukte des Stoffwechsels werden dadurch ausgeschwemmt und der Körper entwässert.

Kartoffel-Zucchini-Auflauf

kcal: 550
E: 20 g
F: 36 g
K: 29 g
B 4 g
C: 110 mg

Preis: 1,00 DM

Zutaten für 2 Personen

300 g Kartoffeln · 1 kleine Zucchini · 100 g Fleischwurst
100 g H-Sahne · Jodsalz, Pfeffer · Muskatpulver
50 g geriebener Emmentaler · Butter zum Ausfetten der Form

1 Die Kartoffeln schälen, die Zucchini waschen, putzen und beides in Scheiben schneiden. Die Fleischwurst enthäuten und ebenfalls in Scheiben schneiden.

2 Die Zutaten abwechselnd in eine gefettete Auflaufform schichten.

3 Die Sahne mit Jodsalz, Pfeffer und Muskatpulver würzen und über dem Auflauf verteilen. Zum Schluss mit geriebenem Emmentaler bestreuen.

4 Den Kartoffel-Zucchini-Auflauf im vorgeheizten Backofen bei 200 °C 40 Minuten überbacken.

Kräuterpfannkuchen mit Schinkenfüllung

kcal: 573
E: 30 g
F: 29 g
K: 39 g
B: 9 g
C: 327 mg

Preis: 1,75 DM

Zutaten für 2 Personen

100 g Mehl · 4 EL H-Milch, 1,5 % · 2 Eier · Jodsalz
Schnittlauch · Petersilie · Butter zum Ausbacken
1 kleine Zwiebel · 100 g Hinterkochschinken
1 EL Butterschmalz · 200 g frische Champignons · Pfeffer
2 EL Frischkäse · 2 EL H-Sahne

1 Aus Mehl, Milch, Eiern und Jodsalz einen Pfannkuchenteig herstellen. Die klein geschnittenen Kräuter unterrühren.

2 Etwas Butter in einer Pfanne erhitzen und die Kräuterpfannkuchen darin nach und nach dünn ausbacken.

3 Die abgezogene Zwiebel fein hacken und mit dem in Streifen geschnittenen Schinken in Butterschmalz kurz andünsten. Die geputzten und in Scheiben geschnittenen Champignons dazugeben und noch kurze Zeit weiterdünsten. Mit Pfeffer würzen.

4 Dann die Füllung mit dem Frischkäse und der Sahne verfeinern und leicht cremig einkochen. Zum Schluss noch mit Schnittlauch und Petersilie abschmecken.

5 Die Kräuterpfannkuchen mit der Schinken-Champignon-Mischung füllen und heiß servieren.

Mexikanisches Gemüse-Nudel-Gratin

Zutaten für 2 Personen
250 g Spaghetti • 1 Dose mexikanische Gemüseplatte
2 EL Olivenöl • 1 Zwiebel • Jodsalz, Pfeffer • Muskatpulver
1 Ei • 1/8 l H-Milch, 1,5 % • 100 g H-Sahne • 2 Päckchen
Mozzarella (125 g) • Butter zum Ausfetten der Form

kcal: 1142
E: 46 g
F: 53 g
K: 104 g
B: 11 g
C: 341 mg
Preis: 2,50 DM

1 Die Spaghetti in reichlich Salzwasser 5 Minuten sprudelnd kochen lassen. Abgießen und in einer Schüssel mit dem mexikanischen Gemüse, dem Öl und der gehackten Zwiebel mischen. Mit Jodsalz, Muskatnuss und reichlich Pfeffer würzen.

2 Die Gemüsemischung in eine flache, ausgefettete Gratinform geben. Das Ei, die H-Milch und die H-Sahne verquirlen und darüber gießen. Den Mozzarella würfeln und auf dem Gratin verteilen.

3 Das Gratin in den kalten Backofen (untere Schiene) schieben und bei einer Temperatur von 180 °C ca. 30 Minuten überbacken.

Kartoffeltorte mit Blauschimmelkäse

kcal: 553
E: 17 g
F: 27 g
K: 52 g
B: 7 g
C: 132 mg

Preis: 0,75 DM

Zutaten für 4 Personen

1,2 kg Kartoffeln • Jodsalz, Pfeffer • 200 g Blauschimmelkäse 60 g Sonnenblumenmargarine • Butter zum Ausfetten der Form

1 Die Kartoffeln unter fließendem Wasser grob abbürsten und in Salzwasser bei mittlerer Hitze zugedeckt gar kochen. Anschließend abkühlen lassen, schälen und mit einem Kartoffelstampfer zu einem glatten Brei stampfen. Mit Jodsalz und Pfeffer würzen.

2 Eine feuerfeste Form mit Butter ausfetten und die Hälfte der Kartoffelmasse hineingeben. Die Oberfläche glatt streichen.

3 Den Blauschimmelkäse in Scheiben schneiden und auf den Kartoffeln verteilen. Zum Schluss den restlichen Kartoffelbrei darauf verteilen.

4 Margarineflöckchen darauf geben und im Backofen bei 130 °C 10 bis 15 Minuten überbacken, bis die Kruste goldbraun ist.

5 Sofort heiß servieren. Als Beilage zu diesem herzhaften Gericht passt ein knackiger Salat.

Zur Kartoffeltorte servieren Sie am besten ein kühles Pils.

INFO Bei der Herstellung von Blaukäsen, etwa von Edelpilzkäsen oder Blauschimmelkäsen, wird der blaue Edelschimmel Penicillium roqueforti eingesetzt. Die Kulturenherstellung unterliegt einer ständigen und sorgfältigen Kontrolle. Bereits das Bruchkorn ist mit Schimmelkulturen versetzt. Nach ein paar Tagen Lagerzeit werden diese Käse angestochen, so dass an den Stichkanälen entlang Sauerstoff in den Käse eindringen kann und die Schimmelkulturen zu wachsen beginnen.

Pikanter Käsekuchen mit Champignonfüllung

Zutaten für 4 Personen
Teig: 500 g Mehl • 250 g Butter • 1 Ei • Jodsalz
Belag: 200 g frische Champignons • 2 EL Butter
40 g Hinterkochschinken • 5 Eier • 200 g H-Sahne
100 ml H-Milch, 1,5 % • Jodsalz, Pfeffer • Muskatpulver
75 g geriebener Emmentaler

kcal: 1367
E: 34 g
F: 92 g
K: 85 g
B: 13 g
C: 550 mg
Preis: 1,50 DM

1 Das Mehl auf eine Arbeitsfläche sieben. Die Butter in kleinen Flöckchen und 1 Ei zugeben. 2 Esslöffel kaltes Wasser und 1/2 Teelöffel Jodsalz zugeben und rasch zu einem geschmeidigen Teig verkneten. Ca. 1 Stunde kalt stellen.

2 In der Zwischenzeit die Champignons putzen und in Scheiben schneiden. Butter in einem Topf erhitzen und die Champignons darin kurz dünsten. Den Schinken in Streifen schneiden.

3 Für den Guss die restlichen Eier mit der Sahne und der Milch verquirlen und mit Jodsalz, Pfeffer und Muskatpulver würzen.

4 Den Mürbeteig dünn ausrollen und eine gefettete Springform damit auslegen. Den Teig am Rand hoch ziehen.

5 Die gedünsteten Champignons und die Schinkenstreifen in der Form verteilen und mit geriebenem Emmentaler bestreuen. Dann den Guss darüber verteilen.

6 Im Backofen bei einer Temperatur von 200 °C ca. 25 bis 30 Minuten goldgelb backen.

INFO Champignons haben wie alle Pilze einen hohen Anteil an B-Vitaminen, Vitamin D und Kalium und stärken somit Muskeln, Nerven und Knochen.

Überbackene Zucchini

kcal: 443
E: 20 g
F: 32 g
K: 12 g
B: 5 g
C: 112 mg
Preis: 2,25 DM

Zutaten für 2 Personen
2 mittelgroße Zucchini • 1 rote Paprikaschote
150 g Frischkäse • 50 g Schinkenwürfel
Jodsalz • 1/8 l Gemüsebrühe • 1/8 l passierte Tomaten
100 g H-Sahne • Pfeffer • Salatkräuter

1 Die Zucchini waschen, längs halbieren und in ca. 3 Zentimeter starke Stücke schneiden. Mit einem Löffel aushöhlen. Die Paprikaschote waschen und würfeln.
2 Den Frischkäse mit den Schinken- und Paprikawürfeln verrühren, mit Jodsalz würzen.

3 Zucchinistücke in eine feuerfeste Form setzen und mit der Frischkäsemasse füllen. Mit Brühe angießen, die passierten Tomaten einrühren. Im Backofen bei 160 °C ca. 20 Minuten garen.
4 Sahne zugeben, mit Jodsalz, Pfeffer und Salatkräutern abschmecken.

Nudeln sind nicht nur eine Beilage zu Fleischgerichten. Kombiniert mit Gemüse, Kräutern und sahnigen Saucen, geben sie ein sättigendes Hauptgericht ab.

Nudeln mit Zucchini-Möhren-Sauce

Zutaten für 2 Personen

250 g Spiralnudeln • 2 Möhren • 1 mittelgroße Zucchini
100 g Hinterkochschinken • 1 EL Margarine
50 ml Gemüsebrühe • 1 EL Tomatenmark • 100 g Schmand
Jodsalz, Pfeffer

kcal: 767
E: 31 g
F: 26 g
K: 92 g
B: 8 g
C: 194 mg
Preis: 1,75

1 Die Nudeln in Salzwasser bissfest kochen.

2 In der Zwischenzeit die Möhren putzen, schälen und schräg in ca. 3 Millimeter dicke Scheiben schneiden. Die Zucchini waschen, putzen, der Länge nach halbieren und in ca. 5 Millimeter dicke Scheiben schneiden. Den Schinken in dünne Streifen schneiden.

3 Die Margarine in einer Pfanne erhitzen und die Möhrenscheiben darin andünsten. Dann den Schinken zugeben und leicht anbräunen. Zuletzt die Zucchinischeiben in die Pfanne geben, mit der Gemüsebrühe angießen und alles zugedeckt ca. 7 Minuten dünsten.

4 Anschließend das Tomatenmark und den Schmand unterrühren und mit Jodsalz und Pfeffer würzen. Alles noch ca. 5 Minuten kochen lassen, bis die Sauce leicht eingedickt ist. Sollte zu wenig Sauce vorhanden sein, können Sie noch etwas Gemüsebrühe oder Nudelwasser zugeben.

5 Die abgetropften und abgeschreckten Nudeln auf Tellern verteilen und mit der Zucchini-Möhren-Sauce servieren.

Bei gekauften Nudeln können Sie sich nach der auf der Packung angegebenen Garzeit richten. Sie sollten jedoch ein bis zwei Minuten früher eine Bissprobe machen, damit die Nudeln nicht zu weich werden.

INFO Möhren sind reich an Beta-Karotin, der Vorstufe von Vitamin A. Beta-Karotin schützt die Zellen und trägt zur Immunabwehr bei.

Selbst gemachte Gnocchi mit Tomatensauce

kcal: 643
E: 19 g
F: 19 g
K: 90 g
B: 16 g
C: 49 mg

Preis: 1,00 DM

Zutaten für 2 Personen
Gnocchi: 500 g Kartoffeln • Jodsalz • 125 g Mehl
Sauce: 400 g Fleischtomaten • 1 Zwiebel • 2 EL Butter
Jodsalz, Pfeffer • 30 g geriebener Emmentaler

Gnocchi schmecken auch hervorragend mit Salbeibutter: Salbei waschen, trockentupfen und in feine Streifen schneiden. Butter in einer großen Pfanne erhitzen und dabei leicht bräunen. Gnocchi und Salbei in der Pfanne schwenken.

1 Die Kartoffeln waschen und mit der Schale ca. 20 Minuten kochen.

2 Die Tomaten häuten, entkernen und das Fruchtfleisch klein schneiden. Die Zwiebel abziehen und fein würfeln.

3 1 Esslöffel Butter in einer Pfanne erhitzen und die Zwiebelwürfel darin glasig dünsten. Die Tomatenstücke hinzufügen und bei geringer Hitze ca. 30 Minuten zu einer dickflüssigen Sauce einkochen lassen. Mit Jodsalz und Pfeffer würzen.

4 Die Kartoffeln abgießen und noch heiß pellen. Durch eine Kartoffelpresse drücken oder mit einem Kartoffelstampfer zerdrücken. Salzen, nach und nach das Mehl zufügen und unterkneten. Der Kartoffelteig darf nicht mehr an den Händen kleben bleiben.

5 Aus dem Teig auf einer bemehlten Arbeitsfläche portionsweise ca. 2 Zentimeter dicke Rollen formen, diese in fingerdicke Stücke schneiden. Mit einer bemehlten Gabel leicht eindrücken, so dass eine Struktur entsteht.

6 Die Gnocchi in einem großen Topf mit kochendem Salzwasser ca. 4 Minuten ziehen lassen. Mit der Schaumkelle herausnehmen und gut abtropfen lassen.

7 Die restliche Butter schmelzen und die Gnocchi kurz darin schwenken. Mit der Tomatensauce anrichten und mit geriebenem Emmentaler bestreuen.

Puten-Gemüse-Topf

Zutaten für 2 Personen
400 g Kartoffeln • 2 Möhren • 1 Paprikaschote
1 mittelgroße Zucchini • 1 Tomate • 1 EL Olivenöl
3 EL Tomatenmark • 3/8 l Gemüsebrühe • Jodsalz, Pfeffer
Paprikapulver • 250 g gekochte Putenbrust

kcal: 393
E: 21 g
F: 9 g
K: 49 g
B: 12 g
C: 27 mg
_____
Preis: 2,25 DM

1 Die Kartoffeln schälen und in daumendicke Würfel schneiden. Die Möhren schälen und in dünne Scheiben schneiden. Die Paprikaschote gründlich waschen, den Stielansatz und die Kerne entfernen und das Fruchtfleisch in Stücke schneiden. Die Zucchini und die Tomate waschen, putzen und in grobe Würfel schneiden. Das Gemüse in Olivenöl und wenig Wasser bei geringer Hitze bissfest dünsten.

2 Dann das Tomatenmark unterrühren und alles mit der Gemüsebrühe aufgießen. Kräftig mit Jodsalz, Pfeffer und Paprikapulver würzen.

3 Die gekochte Putenbrust in Würfel schneiden und zum Gemüse geben. Den Eintopf bei geringer Hitze noch ca. 15 Minuten schmoren lassen, dann von der Kochstelle nehmen und sofort servieren. Nach Geschmack kann man dem Eintopf mit 1 Schuss trockenem Weißwein eine pikante Note verleihen. Als Beilage schmeckt frisches Baguette.

INFO Putenbrustfleisch ist reich an mehrfach ungesättigten Fettsäuren, die u. a. am Aufbau der Zellmembranen (Zellwände) beteiligt sind. Ein Mangel führt zu einem verminderten Wachstum, zu einer gestörten Wundheilung, zu Blutarmut, aber auch zu einer steigenden Infektionsanfälligkeit.

Spätzle-Schinken-Auflauf

kcal: 649
E: 35 g
F: 43 g
K: 20 g
B: 3 g
C: 190 mg

Preis: 2,00 DM

Zutaten für 2 Personen
250 g Spätzle · 100 g Hinterkochschinken · 50 g Gouda
1 Päckchen Mozzarella (125 g) · 1 Zwiebel · 100 g H-Sahne
Jodsalz, Pfeffer · Butter zum Ausfetten der Form

1 Die Spätzle in reichlich Salzwasser bissfest kochen.

2 Den Schinken in feine Streifen schneiden. Den Gouda und den Mozzarella klein würfeln. Die Zwiebel abziehen und fein hacken.

3 Die abgetropften Spätzle mit den vorbereiteten Zutaten mischen und in eine feuerfeste, gebutterte Auflaufform geben.

4 Dann die H-Sahne darüber gießen, mit Jodsalz und Pfeffer kräftig würzen und im Backofen bei einer Temperatur von 160 °C ca. 20 Minuten überbacken. Als Beilage zu diesem schnellen Gericht passt Gurkensalat.

VARIANTE Wenn Sie die Spätzle selbst herstellen wollen, dann können Sie das nach folgendem Rezept tun: 200 Gramm Mehl in eine Schüssel geben und in der Mitte eine Mulde formen, 4 Eier und 1 Teelöffel Salz zugeben und alles miteinander vermischen. Nach und nach unter ständigem Rühren 1/8 Liter Milch zugeben und zu einem zähflüssigen Teig verarbeiten. Reichlich Salzwasser zum Kochen bringen und anschließend mit einem feuchten Spätzlehobel den Teig in das kochende Salzwasser hobeln. Die Spätzle sind gar, wenn sie an der Oberfläche schwimmen. Dann mit einem Schaumlöffel aus dem Wasser nehmen, auf einem Sieb gut abtropfen lassen und die Spätzle in einer Pfanne mit 1 Esslöffel Butter kurz schwenken. Mit Salz und Pfeffer würzen.

Senfeier mit Kartoffelpüree

Zutaten für 2 Personen
4 Eier • 400 g Kartoffeln • 1 EL Butter oder Margarine
1 EL Mehl • 1/8 l Gemüsebrühe • 1/8 l H-Milch, 3,5 %
2 EL süßer Senf • 50 g Schmand • Jodsalz, Pfeffer
1 Prise Zucker • 100 g H-Sahne

kcal: 720
E: 26 g
F: 44 g
K: 46 g
B: 6 g
C: 576 mg
Preis: 1,00 DM

1 Die Eier ca. 8 Minuten hart kochen. Kurz unter kaltem Wasser abschrecken, pellen und warm stellen.
2 Die Kartoffeln putzen, mit der Schale gar kochen und beiseite stellen.
3 Die Butter in einem Topf erhitzen. Das Mehl darin goldbraun anschwitzen. Nach und nach unter ständigem Rühren die Brühe und die Milch zugießen.
4 Dann den süßen Senf und den Schmand hinzufügen und die Sauce bei kleiner Hitze 10 Minuten kochen, dabei ab und zu umrühren.
5 Die Senfsauce mit Jodsalz, Pfeffer und Zucker würzen. Nach Belieben noch mit etwas Senf abschmecken.
6 Die Kartoffeln pellen, durch eine Kartoffelpresse drücken und das Püree mit der Sahne vermischen. Mit Jodsalz würzen.
7 Die Eier halbieren, in die Sauce legen und mit dem Kartoffelpüree servieren. Als Beilage eignet sich ein knackiger grüner Salat.

Die Menge der Flüssigkeit, die man für Kartoffelpüree braucht, lässt sich nicht exakt angeben. Besonders stärkereiche Kartoffeln brauchen mehr, andere weniger. Deshalb unter zu festes Püree noch etwas Milch rühren.

INFO Durch regelmäßige Verwendung von Eiern in der Ernährung lässt sich die biologische Wertigkeit an Eiweiß ganz erheblich steigern, da ein Ei viele verschiedene Eiweißbausteine besitzt und in Kombination mit anderen Lebensmitteln die Eiweißaufnahme in den Körper zu steigern vermag.

Spaghetti mit einer pikanten Käse-Nuss-Sauce

kcal: 912
E: 40 g
F: 38 g
K: 90 g
B: 6 g
C: 196 mg

Preis: 1,75 DM

Zutaten für 2 Personen

250 g Spaghetti · 1 Zwiebel · 1 EL Butter · 5 EL H-Milch, 1,5 %
50 ml Gemüsebrühe · 75 g Blauschimmelkäse · 50 g Gouda
100 g Frischkäse · Jodsalz, Pfeffer · Zitronensaft
2 EL Mandeln

1 Die Spaghetti in Salzwasser bissfest garen.
2 Die Zwiebel abziehen, fein würfeln und in der zerlassenen Butter glasig dünsten. Mit Milch und Brühe aufgießen, 5 Minuten einkochen lassen.
3 Dann den klein geschnittenen Käse und den Frischkäse hinzufügen und bei geringer Hitze schmelzen lassen.
4 Mit Jodsalz, Pfeffer und Zitronensaft die Sauce abschmecken und die fein gehackten Mandeln untermischen.
5 Die abgetropften Spaghetti auf Tellern verteilen und die Käse-Nuss-Sauce dazu reichen.

Spargelrisotto

kcal: 640
E: 23 g
F: 34 g
K: 27 g
B: 6 g
C: 85 mg

Preis: 1,00 DM

Zutaten für 4 Personen

500 g frischer Spargel · 1 l Gemüsebrühe · 1 kleine Zwiebel
1 EL Olivenöl · 250 g Milchreis · 200 ml Weißwein · Jodsalz,
Pfeffer · 100 g geriebener Emmentaler · 2 EL Butter

1 Den Spargel schälen und in mundgerechte Stücke schneiden, die Köpfe beiseite legen. Die Spargelstücke in der Gemüsebrühe bissfest garen. Abgießen und den Spargelsud auffangen.
2 Die Zwiebel abziehen und im Öl glasig dünsten.

Milchreis und Weißwein zugeben und kochen, bis der Weißwein verdampft ist. 700 Milliliter Spargelsud nach und nach zugießen, den Reis darin bei kleiner Hitze ca. 25 Minuten garen. Mit Jodsalz und Pfeffer würzen.

3 Die Spargelköpfe in 1 Esslöffel Butter braten.

4 Die restliche Butter und 2/3 des geriebenen Emmentalers unter den Risotto rühren und zum Schluss die Spargelstücke vorsichtig unterheben.

5 Die Spargelköpfe auf dem Risotto verteilen und mit dem restlichen Käse bestreuen.

Zu Spargelrisotto passt ein herber Weißwein, z. B. Soave, und frisches Baguette.

Spaghetti alla carbonara

Zutaten für 2 Personen
250 g Spaghetti • 1 EL Olivenöl • 1 kleine Zwiebel
80 g gekochter Bauchspeck • 2 Eier • 150 g H-Sahne
50 g geriebener Emmentaler • Jodsalz, Pfeffer • Petersilie

kcal: 1278
E: 30 g
F: 82 g
K: 90 g
B: 6 g
C: 353 mg

Preis: 1,50 DM

1 Die Spaghetti in Salzwasser bissfest kochen.

2 In einer Pfanne das Öl erhitzen, die fein gehackte Zwiebel darin goldbraun dünsten. Herausnehmen und beiseite stellen.

3 Dann den in kleine Würfel geschnittenen Bauchspeck dazugeben und knusprig braten. Die gedünsteten Zwiebeln wieder dazugeben, dann die gut abgetropften Spaghetti in die Pfanne geben und unter Umrühren gut erhitzen.

4 In der Zwischenzeit die Eier mit der Sahne, dem geriebenen Käse und den Gewürzen gut verquirlen. Diese Masse über die Spaghetti gießen und unterheben. So lange rühren, bis die Eier leicht angestockt sind.

5 Dann sofort herausnehmen und servieren.

Thunfischtorte

kcal: 820
E: 46 g
F: 46 g
K: 44 g
B: 7 g
C: 410 mg

Preis: 1,50 DM

Thunfisch aus der Dose können Sie auch gut mit Essig, Zwiebeln und Knoblauch würzen, kleine Portionen davon auf getoastete Brotscheiben oder auf frische Tomatenscheiben legen und zum Aperitif servieren.

Zutaten für 4 Personen

Teig: 250 g Mehl · 125 g Butter · 65 ml Wasser · Jodsalz
Belag: 4 Eier · 4 EL körniger Frischkäse · 4 EL H-Milch, 1,5 %
400 g Thunfisch im eigenen Saft · 1 kleine Zwiebel
Dill, Thymian · 50 g geriebener Emmentaler

1 Das Mehl, die weiche Butter, das Wasser und das Jodsalz in eine Schüssel geben und mit dem Knethaken zu einem glatten und elastischen Teig kneten. Eine Springform ausfetten und mit dem Teig auslegen. Mit einer Gabel Löcher einstechen. **2** Für die Füllung die Eier leicht schlagen und mit dem Frischkäse, der H-Milch, dem gut abgetropften Thunfisch und der fein gehackten Zwiebel vermischen, dann die Eiermilch mit Thymian und Dill würzen und glatt rühren. In die Springform geben und mit geriebenem Emmentaler bestreuen. **3** Im vorgeheizten Backofen bei einer Temperatur von 180 °C ca. 20 Minuten goldgelb backen. Heiß oder kalt als Mittagessen oder als Snack servieren.

TIPP Unter Verwendung von kleinen Torteletts sehen die Thunfischtörtchen besonders appetitlich aus und machen sich gut bei einem Buffet. Zum Verfeinern eignen sich statt Dill und Thymian auch Knoblauch und frische gehackte Petersilie, Kapern, Oliven und Sardellenfilets oder ein Schuss Weißwein. Wenn Sie es gerne würzig haben, fügen Sie etwas Zitronensaft zu. Für die Füllung können Sie nach Belieben zusammen mit dem Frischkäse auch etwas Tomatenpüree und 250 Gramm Erbsen (frisch oder aus der Dose) verwenden.

Zwiebelmaultaschen

Zutaten für 4 Personen
Teig: 250 g Mehl • 1 Ei • Jodsalz • 1 EL Distelöl • etwas Wasser
Füllung: 300 g geräucherter Bauernspeck • 200 g Zwiebel
50 g Butter oder Margarine • Knoblauchpulver
Jodsalz, Pfeffer • Petersilie • 1 TL Mehl • 1/4 l Gemüsebrühe
30 g H-Sahne

kcal: 902
E: 17 g
F: 69 g
K: 45 g
B: 8 g
C: 170 mg
Preis: 0,85 DM

1 Das Mehl auf ein Brett geben und mit Ei, Jodsalz, Öl und etwas Wasser zu einem glatten, elastischen Teig verkneten. Den Teig messerrückendick ausrollen und etwa 8 Zentimeter große Quadrate daraus ausschneiden.

2 Für die Füllung den Bauernspeck in kleine Würfel schneiden, die Zwiebel abziehen und ebenfalls klein würfeln. Butter in einer Pfanne erhitzen, beides darin braun rösten und mit Knoblauchpulver, Jodsalz, Pfeffer und frisch gehackter Petersilie würzen. Von der Kochstelle nehmen und abkühlen lassen.

3 Die Teigquadrate mit 2/3 der Füllung belegen, zu einem Dreieck zusammenschlagen und die Ränder mit einer Gabel andrücken. In kochendes Salzwasser legen und etwa 10 Minuten bei mittlerer Hitze garen lassen. Anschließend die Maultaschen mit einem Schaumlöffel herausnehmen und warm stellen.

4 Für die Sauce die restliche Zwiebel-Speck-Masse in der Pfanne mit Mehl bestäuben, mit der Gemüsebrühe angießen, aufkochen lassen und zum Schluss mit der Sahne verfeinern. Bei Bedarf mit Jodsalz nachwürzen.

5 Die Sauce auf tiefen Tellern verteilen und die Zwiebelmaultaschen hineingeben. Vor dem Servieren mit frischer Petersilie bestreuen.

Tomaten-Kartoffel-Tortilla

kcal: 858
E: 43 g
F: 51 g
K: 41 g
B: 11 g
C: 765 mg
Preis: 1,75 DM

Zutaten für 2 Personen

300 g Kartoffeln · 1 Zwiebel · 200 g Paprikaschoten
3 EL Olivenöl · Jodsalz, Pfeffer · 150 g Feta · 350 g Tomaten
Petersilie · 6 Eier · 2 EL Sherry

Zu dieser herzhaften Tortilla passt eine süffige Sangria.

1 Kartoffeln schälen und in dünne Scheiben schneiden. Die Zwiebel schälen und würfeln. Die Paprikaschoten ebenfalls würfeln.

2 Kartoffeln, Zwiebel- und Paprikawürfel in einer ofenfesten Bratpfanne im heißen Öl ca. 5 Minuten dünsten. Mit Jodsalz und Pfeffer abschmecken.

3 Den Fetakäse in kleine Würfel schneiden. Tomaten waschen und in dicke-

re Scheiben schneiden. Die Hälfte des Käses unter das Kartoffel-Paprika-Gemüse mischen. Die restlichen Fetawürfel und die Tomatenscheiben über dem Gemüse verteilen und mit Petersilie bestreuen.

4 Die Eier mit dem Sherry verquirlen und über die Tortilla gießen. Im vorgeheizten Backofen bei 200 °C ca. 15 Minuten backen.

INFO Olivenöl stärkt Herz und Kreislauf und wirkt vorbeugend gegen Arteriosklerose.

Blauschimmelkäsetoast mit Bauchspeck

Zutaten für 2 Personen

2 Scheiben Toastbrot · 1 EL Butter · 200 g Tomaten
1 kleine Zwiebel · 100 g gekochter Bauchspeck
75 g Blauschimmelkäse · Pfeffer

1 Die Toastbrotscheiben rösten und mit Butter bestreichen. Die Tomaten waschen, putzen und in Scheiben schneiden. Die Zwiebel abziehen und in feine Ringe schneiden.
2 Den Bauchspeck in dünne Scheiben schneiden und in einer beschichteten Pfanne bei mittlerer Hitze auslassen und leicht anbraten. Die Zwiebelringe hinzufügen und kurz andünsten.

3 Die gebutterten Toastbrotscheiben zuerst mit Tomatenscheiben, dann großzügig mit Bauchspeckscheiben belegen. Dann die Zwiebelringe darauf verteilen und mit Blauschimmelkäsescheiben belegen.
4 Im vorgeheizten Backofen bei einer Temperatur von 180 °C 4 bis 5 Minuten überbacken.
5 Zum Schluss noch mit Pfeffer bestreuen.

kcal: **715**
E: **14 g**
F: **58 g**
K: **26 g**
B: **7 g**
C: **74 mg**

Preis: **1,25 DM**

Camembert-Schinken-Sandwich

Zutaten für 2 Personen
2 Camemberts • 2 Scheiben Hinterkochschinken
Jodsalz, Pfeffer• 2 EL Mehl • 1 Ei • 3 EL Semmelbrösel
Butterschmalz zum Ausbacken

kcal: **739**
E: **43 g**
F: **46 g**
K: **29 g**
B: **2 g**
C: **227 mg**

Preis: **1,75 DM**

1 Die Camemberts jeweils einmal längs und einmal quer durchschneiden, so dass jeweils 4 Scheiben entstehen.
2 Jeweils 2 Scheiben mit 1/2 Schinkenscheibe belegen. Mit Jodsalz und Pfeffer würzen. Die Camembertscheiben zu-

erst in Mehl, dann in verquirltem Ei und schließlich in Semmelbröseln wenden.
3 In heißem Butterschmalz von beiden Seiten braten, bis die Kruste goldgelb geworden ist. Nicht zu heiß ausbacken, da der Käse sonst ausläuft.

Baguette al Italia

kcal: 420
E: 17 g
F: 21 g
K: 36 g
B: 3 g
C: 52 mg
Preis: 1,50 DM

Zutaten für 4 Personen
1 Baguette · 2 EL Butter · 100 g Lachsschinken
2 Fleischtomaten · Jodsalz, Pfeffer · 1 Päckchen
Mozzarella (125 g)

1 Das Baguette der Länge nach durchschneiden und dann noch 2-mal halbieren, so dass 8 gleich große Baguettebrötchen entstehen.

2 Mit Butter bestreichen und den Lachsschinken darauf verteilen.

3 Dann die gewaschenen, geputzten und in Scheiben geschnittenen Tomaten darauf legen und mit etwas Jodsalz und Pfeffer würzen.

4 Den Mozzarella ebenfalls in Scheiben schneiden und auf die Tomaten legen.

5 Die Baguettebrötchen im vorgeheizten Backofen bei einer Temperatur von 180 °C ca. 10 Minuten überbacken, bis der Mozzarellakäse gut verlaufen ist.

INFO Wenn Sie frische Kräuter zu Hause haben (z. B. Kresse oder Basilikum), können Sie diese noch über die überbackenen Baguettebrötchen streuen. Die darin enthaltenen bioaktiven Substanzen regen die Verdauung an und sind gesundheitsfördernd.

Gemüsepuffer

Zutaten für 2 Personen
4 Möhren · 2 Zucchini · 1 kleine Zwiebel · Jodsalz, Pfeffer
Knoblauchsalz · Paprikapulver · 2 Eier · Butterschmalz
zum Ausbacken

1 Die Möhren und die Zucchini putzen, waschen und grob raspeln. Die Zwiebel abziehen und fein würfeln. Zwiebelwürfel zum Gemüse geben und mit Jodsalz, Pfeffer, Knoblauchsalz und Paprikapulver würzen.
2 Die Eier verquirlen und darüber gießen. Alles gut miteinander verrühren.
3 Aus dieser Masse ca. 10 kleine Puffer formen und in Butterschmalz ausbacken.
4 Auf Teller verteilen und sofort servieren. Als Beilage passen Baguettebrötchen mit körnigem Frischkäse.

kcal: 194
E: 13 g
F: 7 g
K: 15 g
B: 9 g
C: 240 mg
Preis: 0,75 DM

Eierpfanne mit Gemüse

Zutaten für 2 Personen
2 Zwiebeln · je 1 rote und gelbe Paprikaschote · 2 EL Butter
1 Dose Erbsen mit Möhren · 6 Eier · Jodsalz, Pfeffer
frisch gehackte Petersilie

kcal: 843
E: 50 g
F: 35 g
K: 69 g
B: 23 g
C: 756 mg
Preis: 1,50 DM

1 Die Zwiebeln abziehen und in Würfel schneiden. Die Paprikaschoten waschen, putzen, entkernen und in Streifen schneiden. Die Butter in einer Pfanne erhitzen und das Gemüse darin glasig dünsten. Dann die abgetropften Erbsen mit Möhren zugeben und erhitzen.
2 Die Eier mit einer Gabel nur so verschlagen, dass das Eigelb aufspringt. Die Eier über das gedünstete Gemüse in der Pfanne gießen und mit etwas Jodsalz und Pfeffer würzen.
3 Die Eier bei mittlerer Hitze stocken lassen, bis das Eiweiß fest wird. Nicht mehr umrühren.
4 Die Eierpfanne mit frisch gehackter Petersilie bestreuen und sofort servieren. Dazu schmeckt ein würziges Bauernbrot.

Bratwurstomelett

kcal: 884
E: 42 g
F: 63 g
K: 25 g
B: 5 g
C: 165 mg

Preis: 2,25 DM

Zutaten für 2 Personen

250 g Kartoffeln • 100 g gekochter Bauchspeck • 1 Zwiebel
1 EL Butter • etwas Gemüsebrühe • 1 Packung Nürnberger
Rostbratwürste • Jodsalz, Pfeffer • Knoblauchsalz
2 Essiggurken • 6 Eier • Petersilie • Schnittlauch

1 Die Kartoffeln in Salzwasser kochen, anschließend abkühlen lassen und pellen.

2 Den Bauchspeck und die abgezogene Zwiebel fein würfeln und in einer Pfanne mit der Butter und etwas Gemüsebrühe glasig dünsten. Dann vom Herd nehmen und beiseite stellen.

3 Die vorgekochten Kartoffeln und die Rostbratwürste in Scheiben schneiden und ebenfalls in die Pfanne geben und gut anbraten. Mit Jodsalz, Pfeffer und Knoblauchsalz würzen.

4 Die Essiggurken in feine Scheibchen schneiden. Die Eier mit einem Quirl aufschlagen. Die Gurkenscheiben und die klein gehackten Kräuter hinzufügen.

5 Die angedünsteten Bauchspeck- und Zwiebelwürfel wieder in die Pfanne geben und gut mit den Wurst- und Kartoffelscheiben vermischen. Dann die geschlagenen Eier darüber gießen und das Ganze leicht anstocken lassen.

6 Mit einem Pfannenwender das Omelett umdrehen, kurz fest werden lassen, zusammenklappen und sofort auf Tellern anrichten.

7 Mit Petersilie und Schnittlauch bestreut servieren.

TIPP Das Omelett bekommt eine italienische Note, wenn Sie es mit Oregano und Majoran würzen.

Sandwiches mit Mozzarella

Zutaten für 2 Personen

1 Päckchen Mozzarella (125 g) • 6 Scheiben Toastbrot
Schnittlauch • 1 EL Olivenöl • Jodsalz, Pfeffer • 1 Eiweiß
3 Eier • 3 EL H-Milch, 1,5 % • 2 EL Mehl • Öl zum Ausbacken
1 Kopfsalat • 200 g Tomaten

kcal: 613
E: 32 g
F: 31 g
K: 43 g
B: 8 g
C: 391 mg
Preis: 2,00 DM

1 Den Mozzarella in Scheiben schneiden. Jeweils 2 Scheiben Mozzarella in die Mitte von 2 Toastbrotscheiben legen, mit Schnittlauch bestreuen, mit 1 Teelöffel Öl beträufeln und mit Jodsalz und Pfeffer würzen.

2 Das Eiweiß verquirlen und die Ränder der Toastbrotscheiben damit bestreichen. Dann die anderen Toastbrotscheiben darauf legen und gut zusammendrücken.

3 Die Eier mit der Milch in einer Schüssel gut miteinander verquirlen und mit Jodsalz und Pfeffer würzen. Das Mehl auf einem Teller verteilen.

4 Dann die Sandwiches zuerst in Mehl wenden, anschließend in die Eiermilch legen, bis sich die Toasts damit vollgesaugt haben. Dabei 1-mal wenden.

5 In einer tiefen Pfanne das Öl erhitzen und die Sandwiches ca. 4 Minuten pro Seite goldbraun ausbacken. Anschließend mit einer Schaumkelle herausheben, auf Küchenkrepp setzen und mit dem restlichen Olivenöl beträufeln.

6 Die noch warmen Sandwiches diagonal halbieren und auf einer Platte mit Kopfsalatblättern und Tomatenscheiben anrichten.

Echter Mozzarella wird aus Büffelmilch hergestellt. Sie bekommen diese Spezialität meist nur in Käse- oder Feinkostläden, sie ist zudem sehr teuer.

INFO Deutscher Mozzarella wird im Gegensatz zu seinem italienischen Pendant aus Kuhmilch hergestellt.

Gefüllte Kartoffeln mit Krabben

kcal: 287
E: 10 g
F: 10 g
K: 35 g
B: 5 g
C: 72 mg
Preis: 2,00 DM

Zutaten für 2 Personen

400 g Kartoffeln · 50 g H-Sahne · Jodsalz, Pfeffer
Petersilie · etwas Zitronensaft (Citrovin) · 50 g Krabben
1 EL Schmand · Öl zum Ausfetten der Form

1 Die Kartoffeln gründlich waschen. Mit Wasser bedecken und 10 Minuten halb gar kochen. Abgießen, mit kaltem Wasser abschrecken und abkühlen lassen.

2 Von den Kartoffeln einen 1 1/2 Zentimeter starken Deckel abschneiden. Den unteren Teil mit einem Kugelausstecher bis auf eine Hülle von ca. 2 Zentimeter Dicke aushöhlen.

3 Das Kartoffelinnere in einen hohen Rührbecher geben. Die Sahne zugeben und beides mit einem Pürierstab pürieren. Mit Jodsalz, Pfeffer und Petersilie würzen,

1 Spritzer Zitronensaft unter die Kartoffelcreme rühren.

4 Die Hälfte der Krabben auf die Kartoffeln verteilen, die Kartoffelcreme darüber geben. Die restlichen Krabben dekorativ auf den Kartoffeln anrichten und zum Schluss noch je 1 Teelöffel Schmand darauf geben. Die Kartoffeln in eine eingefettete, feuerfeste Form setzen und im vorgeheizten Backofen bei einer Temperatur von 200 °C etwa 20 Minuten backen.

5 Auf Tellern anrichten und mit Petersilie bestreut servieren.

Für die Füllung der Kartoffeln können Sie anstelle von Krabben auch Lachs, Schinkenwürfel oder einfach gemischte Kräuter verwenden.

TIPP Kartoffeln sind keine Dickmacher, wie es jahrelang angenommen wurde. Sie enthalten pro 100 Gramm nur 0,3 Gramm Fett, dafür aber jede Menge Ballaststoffe und reichlich Vitamin C.

Kartoffeln gehören zu unseren wichtigsten Grundnahrungsmitteln. Ihren Zubereitungsmöglichkeiten und ihrer Geschmacksvielfalt sind kaum Grenzen gesetzt.

Lachs mit Rührei auf Toast

Zutaten für 2 Personen
Gartenkräuter • 2 Eier • 2 Scheiben Toastbrot
200 g Lachs • 1 Zitrone

kcal: 406
E: 42 g
F: 14 g
K: 19 g
B: 3 g
C: 296 mg
Preis: 2,50 DM

1 Die Kräuter waschen und trockentupfen. Die Eier verquirlen, Kräuter zugeben und das Rührei in einer beschichteten Pfanne ohne Öl stocken lassen. Inzwischen das Toastbrot rösten.

2 Das Rührei auf den Toastscheiben anrichten. Die Lachsscheiben darauf legen und mit frischen Gartenkräutern garnieren. Das Ganze mit etwas Zitronensaft beträufeln und servieren.

VARIANTE Statt mit Lachs können Sie den Toast auch mit Lachsschinken oder mit Hinterkochschinken belegen.

Ratsherrentoast

kcal: 444
E: 32 g
F: 17 g
K: 32 g
B: 9 g
C: 97 mg
Preis: 2,25 DM

Zutaten für 2 Personen

200 g gekochte Putenbrust • Jodsalz, Pfeffer • 1 EL Öl
2 Tomaten • 1 Becher H-Sauerrahm • Knoblauchsalz
Kräuter • 2 Scheiben Bauernbrot • 2 Salatblätter • 1 Zwiebel

1 Die Putenbrust in Scheiben schneiden, mit Jodsalz und Pfeffer würzen und in einer Pfanne mit etwas Öl von beiden Seiten braten.
2 Die Tomaten waschen und in Scheiben schneiden. Zur Putenbrust geben und kurz miterhitzen.
3 Den Sauerrahm mit Jodsalz, Pfeffer, Knob-lauchsalz und Kräutern würzen.
4 Die Bauernbrotscheiben toasten und mit je 1 Salatblatt belegen, darauf die Putenbrust und zum Schluss die Tomatenscheiben geben.
5 Vor dem Servieren den gewürzten Sauerrahm darüber geben und mit Zwiebelringen garnieren.

Rösti mit Lachs und Dillsahne

kcal: 300
E: 14 g
F: 10 g
K: 35 g
B: 8 g
C: 41 mg
Preis: 0,75 DM

Zutaten für 2 Personen

300 g Kartoffeln • 2 Zwiebeln • Jodsalz, Pfeffer
1 EL Butterschmalz • 50 g H-Sahne • Dill • 50 g Lachs

1 Die Kartoffeln gründlich waschen und in reichlich Salzwasser 10 Minuten kochen. Sie sollten noch halb roh sein. Dann das Kartoffelwasser abgießen und die Kartoffeln mit kaltem Wasser abschrecken und auskühlen lassen.
2 Die Kartoffeln pellen und grob raspeln. Die Zwiebeln abziehen und in feine Ringe schneiden. Zu

den Kartoffeln geben und mit Jodsalz und Pfeffer kräftig würzen. Nochmals durchkneten.

3 Butterschmalz in einer Pfanne erhitzen und 1/4 der Röstimasse hinein-geben. Mit einem Ess-löffel etwas flach drücken und bei mittlerer Hitze 5 bis 7 Minuten braten. Dann auf einen flachen Deckel gleiten lassen und wenden. Von der anderen Seite ebenfalls 5 bis 7 Mi-nuten braten. Aus der

Pfanne nehmen und warm stellen. Die restlichen 3 Rösti auf die gleiche Weise ausbraten.

4 Die Sahne glatt rühren und mit Jodsalz und Pfeffer würzen. Dann den Dill unterrühren. Den Lachs in feine Streifen schneiden.

5 Die Rösti auf Tellern anrichten, jeweils 1 Klecks Dillsahne darauf geben. Die Lachsstreifen darauf verteilen und sofort servieren.

Geräucherter Lachs ist die ideale Zutat für die »schlanke« Küche. Mit 195 Kilokalo-rien pro 100 Gramm ist er relativ fettarm.

Pizzabrötchen

Zutaten für 2 Personen
2 Brötchen • 2 EL Butter • 75 g Salami • 1 Päckchen
Mozzarella (125 g) • 2 Tomaten • 75 g Schinkenwürfel
Jodsalz, Pfeffer • Oregano • Majoran

kcal: 686
E: 30 g
F: 44 g
K: 33 g
B: 2 g
C: 130 mg
Preis: 2,25 DM

1 Die Brötchen aus-höhlen und auf der äuße-ren Seite toasten. Mit Butter bestreichen.
2 Die Salami und den Mozzarella in kleine Würfel schneiden. Die Tomaten waschen und ebenfalls klein schneiden.

3 Die Schinkenwürfel zu-geben, alle Zutaten mit-einander vermischen, mit Jodsalz, Pfeffer, Oregano und Majoran würzen. In die Brötchen füllen.
4 Im Backofen oder im Grillgerät ca. 4 Minuten überbacken.

Schweizer Wurstsalat

kcal: 617
E: 27 g
F: 49 g
K: 8 g
B: 2 g
C: 95 mg
Preis: 1,25 DM

Zutaten für 2 Personen

150 g Fleischwurst · 100 g Maasdamer · 1 kleine Zwiebel
2 EL Weinessig · 1 TL scharfer Senf · Jodsalz, Pfeffer
1 TL Zucker · 3 EL Öl · 2 Essiggurken

1 Die Fleischwurst und den Käse in dünne Scheiben schneiden. Die Wurstscheiben halbieren, den Käse in Stifte schneiden. Die Zwiebel abziehen und in dünne Ringe schneiden.
2 Essig, Senf, Jodsalz, Pfeffer und Zucker mit einem Schneebesen ver-rühren. Dann das Öl unterschlagen.
3 Die Wurstscheiben, die Käsestifte, die in Scheiben geschnittenen Essiggur-ken und die Zwiebelringe auf Tellern anrichten und mit dem Dressing mari-nieren. Etwa 30 Minuten durchziehen lassen und servieren.

Tomaten-Champignon-Toast

kcal: 663
E: 25 g
F: 34 g
K: 55 g
B: 19 g
C: 68 mg
Preis: 2,25 DM

Zutaten für 2 Personen

4 Scheiben Toastbrot · 2 EL Butter · 400 g Tomaten · Jodsalz,
Pfeffer · 300 g frische Champignons · 300 g Zwiebeln
1 EL Olivenöl · Küchenkräuter · 100 g Gouda in Scheiben

1 Die Toastbrotscheiben rösten und mit Butter bestreichen.
2 Die Tomaten waschen, abtrocknen und in Schei-ben schneiden. Die Toma-tenscheiben auf das Toast-brot legen und mit Jodsalz und Pfeffer würzen.
3 Die Champignons putzen und ebenfalls in Scheiben schneiden. Die Zwiebeln abziehen, fein hacken und im Öl glasig

dünsten. Anschließend die Champignons zugeben und mitdünsten. Mit Küchenkräutern, Jodsalz und Pfeffer abschmecken und die Masse auf den Toasts verteilen.

4 Zum Schluss die Käsescheiben darauf legen und die Toasts im vorgeheizten Backofen bei einer Temperatur von 200 °C 5 bis 8 Minuten überbacken.

Überbackenes Brokkolibaguette

Zutaten für 2 Personen

2 Baguettebrötchen • 2 EL Butter • Schnittlauch
300 g Brokkoli • Pfeffer • Paprikapulver • Knoblauchsalz
50 g geriebener Emmentaler • 1 EL Mandeln

kcal: 518
E: 17 g
F: 25 g
K: 45 g
B: 7 g
C: 59 mg
Preis: 1,25 DM

1 Die Baguettebrötchen halbieren, mit Butter bestreichen und mit Schnittlauch bestreuen.
2 Den Brokkoli in Röschen teilen und in Salzwasser ca. 10 Minuten kochen. Dann abgießen, kurz abkühlen lassen und auf den Baguettehälften verteilen. Mit Pfeffer,

Paprikapulver und Knoblauchsalz würzen.
3 Den Emmentaler darüber geben und im Backofen bei 200 °C ca. 10 Minuten überbacken.
4 Die Mandeln fein hacken. Die Brokkolibaguettes aus dem Ofen nehmen und mit den Mandeln bestreuen.

INFO Der Brokkoli ist der König unter den Gemüsen, weil er die höchste Nährstoffdichte aufweist. Das bedeutet, dass das Verhältnis zwischen Kaloriengehalt und vorhandenen Inhaltsstoffen besonders ausgewogen ist. Brokkoli enthält zahlreiche wertvolle Vitamine und Mineralstoffe, hat aber nur sehr wenig Kalorien.

Schnelle Küche mit ALDI

Für alle, die nicht viel Zeit zum Kochen haben, hält ALDI ein breites Angebot an Lebensmitteln bereit, aus denen man im Handumdrehen ein schnelles Gericht zaubern kann. Für ganz Eilige gibt es Fertiggerichte zu kaufen, die, ergänzt mit einem knackigen Salat oder frischem Obst, ein vollwertiges Menü ergeben.

Im Handumdrehen auf dem Tisch

Mit ALDI-Produkten können eilige Hausfrauen köstliche Gerichte zubereiten, die der ganzen Familie schmecken und dabei nur wenig Zeit in Anspruch nehmen. Bei den folgenden Rezepten handelt es sich zum Teil um ideenreich variierte Klassiker, die etwas Pfiff und Abwechslung in die schnelle Küche bringen.

Sollten Sie, obwohl Ihnen die vorgeschlagenen Rezepte zusagen, grundsätzlich beim Kochen lieber frische Zutaten verwenden, so ist auch dies kein Problem. Ersetzen Sie – wenn möglich – einfach das Fertigprodukt durch frische Ware oder Selbstgemachtes.

Nehmen Sie beispielsweise statt Spargel aus dem Glas frischen Spargel, stellen Sie Spätzle oder Semmelknödel selbst her, oder bereiten Sie sich aus frischen Tomaten und aromatischen Kräutern eine Tomatensauce zu. Ihrer Phantasie sind keine Grenzen gesetzt, und mit Sicherheit können Sie mit etwas Kreativität und Experimentierfreude noch viele schnelle Rezepte aus dem ALDI-Sortiment zusammenstellen.

Sie haben wenig Zeit zum Kochen, aber trotzdem Lust auf etwas Gutes? Mit den folgenden Rezepten können Sie in wenigen Minuten Köstliches vom Snack bis zum Hauptgericht zubereiten. Die unkomplizierten Gerichte gelingen immer – und das in weniger als 30 Minuten.

Gebackener Camembert mit Preiselbeeren

kcal: 835	
E: 41 g	
F: 52 g	
K: 40 g	
B: 4 g	
C: 141 mg	
Preis: 2,00 DM	

Zutaten für 2 Personen

1 Packung Backcamembert • 2 Birnen • 2 EL Zucker
100 ml Wasser • 2 EL Preiselbeeren (Glas)

1 Die Camemberts aus der Packung nehmen und nach Anleitung zubereiten.
2 Die Birnen schälen, halbieren und vom Kerngehäuse befreien. In einem Topf mit wenig Wasser und dem Zucker bissfest dünsten.
3 Die Camemberts auf Tellern anrichten. Dazu die abgetropften und mit Preiselbeeren gefüllten Birnenhälften reichen.

Käsespätzle

kcal: 781	
E: 27 g	
F: 63 g	
K: 18 g	
B: 0 g	
C: 244 mg	
Preis: 1,50 DM	

Zutaten für 2 Personen

250 g Spätzle • 200 g H-Sahne • 150 g geriebener
Emmentaler • Jodsalz, Pfeffer • 1 EL Butter

1 Die Spätzle in reichlich Salzwasser kochen.
2 Die Sahne mit dem geriebenen Emmentaler verrühren. Mit etwas Jodsalz und Pfeffer würzen.
3 Die abgetropften Spätzle in eine gebutterte Auflaufform geben und mit der Käse-Sahne-Sauce übergießen. Im vorgeheizten Backofen bei einer Temperatur von 160 °C ca. 20 Minuten goldgelb backen.

TIPP Das Rezept für selbst gemachte Spätzle finden Sie auf Seite 60. Als Beilage sollten Sie grünen Salat reichen. Auch ein Glas Apfelcidre passt gut dazu.

Kartoffelpuffer mit Apfelmus

Zutaten für 2 Personen
1 Packung Kloßteig • 2 Eier • 100 g Magerquark
Jodsalz, Pfeffer • Butterschmalz zum Ausbacken
1 Packung Apfelmus

kcal: 412
E: 16 g
F: 23 g
K: 30 g
B: 4 g
C: 285 mg

Preis: 1,25 DM

1 Den Kloßteig mit den aufgeschlagenen Eiern und dem Quark verrühren, mit Jodsalz und Pfeffer würzen.
2 In einer Pfanne reichlich Butterschmalz erhitzen und mit einem Esslöffel kleine Teighäufchen hineingeben. Leicht flach drücken und auf beiden Seiten goldgelb backen.
3 So lange Kartoffelpuffer ausbacken, bis der Teig aufgebraucht ist.
4 Kartoffelpuffer auf Tellern anrichten und mit Apfelmus servieren.

Kasseler mit Zwiebelbratkartoffeln

Zutaten für 2 Personen
400 g Kartoffeln • 1 EL Butterschmalz • 1 Zwiebel
Kümmel • Jodsalz, Pfeffer • 1 Stück Kasseler (ca. 400 g)

kcal: 807
E: 50 g
F: 43 g
K: 42 g
B: 7 g
C: 180 mg

Preis: 3,25 DM

1 Die Kartoffeln in Salzwasser kochen, pellen und in Scheiben schneiden.
2 In heißem Butterschmalz die klein geschnittene Zwiebel kurz anrösten, die Kartoffelscheiben zugeben, mit Kümmel, Jodsalz und Pfeffer aus der Mühle würzen und das Ganze von allen Seiten braten.
3 Das in ca. 1 Zentimeter dicke Scheiben geschnittene Kasseler in Butterschmalz bei mittlerer Hitze von beiden Seiten anbraten und zusammen mit den Zwiebelbratkartoffeln anrichten.

Leberkäse in Bierteig mit Spiegelei

kcal: 1244
E: 50 g
F: 86 g
K: 47 g
B: 7 g
C: 588 mg
Preis: 2,00 DM

Zutaten für 2 Personen

125 g Mehl • 3 Eier • Jodsalz • Schnittlauch
1 kleine Zwiebel • 1/8 l Bier (z. B. Karlskrone)
3 EL Butterschmalz • 400 g Leberkäse (abgepackt)

Zum deftigen Leberkäse passen Bratkartoffeln und ein kühles Bier.

1 Aus Mehl, 1 Ei, Jodsalz, etwas Schnittlauch, der abgezogenen und fein gehackten Zwiebel und dem Bier einen dickflüssigen Teig herstellen. 10 Minuten quellen lassen.

2 Das Butterschmalz in einer Pfanne erhitzen. Die Leberkäsescheiben halbieren, in den Bierteig tauchen und im heißen Butterschmalz von beiden Seiten ca. 4 Minuten backen. Warm stellen.

3 In der gleichen Pfanne die Spiegeleier ausbraten. Mit Jodsalz würzen. Den gebackenen Leberkäse auf Tellern anrichten und zusammen mit den Spiegeleiern servieren.

Nürnberger Bratwürste auf Kartoffelküchlein

kcal: 672
E: 47 g
F: 43 g
K: 15 g
B: 2 g
C: 210 mg
Preis: 2,50 DM

Zutaten für 2 Personen

1 Packung Kloßteig • 2 EL Butterschmalz • 1 Packung
Nürnberger Rostbratwürste • 1 kleine Zwiebel
1 TL Butter • 1 TL scharfer Senf • 2 EL H-Sahne

1 Aus dem Kloßteig kleine Kartoffelküchlein formen und in Butterschmalz von beiden Seiten goldgelb braten. Herausnehmen und warm stellen.

2 Die Bratwürste in der Pfanne rundum braten. Die Zwiebel abziehen, in Ringe schneiden und in einer kleinen Pfanne in Butter glasig dünsten.

3 Die Kartoffelküchlein auf Tellern anrichten, die Bratwürste darauf legen und zum Schluss mit Zwiebelringen belegen.

4 Den Senf mit dem Bratensaft der Würste und der H-Sahne vermischen und über den Zwiebelringen verteilen.

Pizza Hawaii

Zutaten für 2 Personen
2 Stück Pizza mit Schinken, Fertigprodukt • 1 Dose Ananas in Stücken • Paprikapulver

kcal: 421
E: 11 g
F: 15 g
K: 53 g
B: 4 g
C: 17 mg
Preis: 3,25 DM

1 Die Ananasstücke abtropfen lassen und gleichmäßig auf der Pizza verteilen. Mit Paprikapulver würzen.

2 Die Pizza im vorgeheizten Backofen wie auf der Packung angeben backen und heiß servieren.

Ravioli al forno

Zutaten für 2 Personen
1 Dose Ravioli • 1 Dose Erbsen mit Möhren
50 g Schinkenwürfel • 2 EL Schmand • Jodsalz, Pfeffer
100 g geriebener Emmentaler

kcal: 665
E: 40 g
F: 35 g
K: 37 g
B: 7 g
C: 581 mg
Preis: 2,25 DM

1 Die Ravioli mit dem abgetropften Gemüse, den Schinkenwürfeln und dem Schmand mischen, mit Jodsalz und Pfeffer würzen und in eine Auflaufform füllen.

2 Den geriebenen Emmentaler darüber streuen und die Ravioli im vorgeheizten Backofen bei einer Temperatur von 180 °C ca. 15 Minuten überbacken.

Schweinebauch mit Reibeknödeln

kcal: 1446
E: 21 g
F: 138 g
K: 17 g
B: 4 g
C: 204 mg

Preis: 3,00 DM

Zutaten für 2 Personen
1 Zwiebel • 1 Möhre • 1 EL Butterschmalz
500 g roher Bauchspeck • Jodsalz, Pfeffer • Kümmel
1 Packung Kloßteig • 1 EL Speisestärke

1 Die Zwiebel abziehen, die Möhre schälen und beides in kleine Würfel schneiden.

2 Das Butterschmalz in einen Bräter geben und im Backofen bei einer Temperatur von 200 °C erhitzen. Die Zwiebel- und Möhrenwürfel zugeben und anbraten. Dann den mit Jodsalz und Pfeffer eingeriebenen Schweinebauch in den Bräter geben und von beiden Seiten anbraten.

3 Mit 1 Tasse Wasser angießen, mit Kümmel würzen und bei 180 °C ca. 30 Minuten braten.

4 Inzwischen aus dem Kloßteig 4 Klöße formen, in kochendes Salzwasser legen und bei geringer Hitze 20 Minuten ziehen lassen.

5 Den gebratenen Schweinebauch aus dem Bräter nehmen und warm stellen. Für die Sauce den Bratensaft in einen Topf geben und zum Kochen bringen. Etwas Speisestärke mit kaltem Wasser anrühren und in die kochende Sauce einrühren. Leicht eindicken lassen. Nach Belieben die Sauce durch ein feines Sieb passieren.

6 Die fertigen Klöße und den in Scheiben geschnittenen Schweinebauch auf Tellern anrichten und mit der Sauce servieren.

TIPP Füllen Sie die Klöße vor dem Garen mit gerösteten Weißbrotwürfeln. Als Beilage zu diesem Gericht passt ein deftiger Kartoffelsalat.

Semmelknödel mit Pilzsauce

Zutaten für 2 Personen
1 Packung Semmelknödel im Kochbeutel • 1 EL Butter
1 EL Mehl • 1/4 l Gemüsebrühe • 200 g H-Sahne
1 EL Weinessig • Jodsalz, Pfeffer • Petersilie
1 Dose Pfifferlinge • 1 Dose Champignons, 1. Wahl

kcal: 888
E: 23 g
F: 56 g
K: 62 g
B: 7 g
C: 304 mg

Preis: 3,25 DM

1 Die Semmelknödel nach Packungsanweisung zubereiten.

2 Die Butter in einem Topf schmelzen und das Mehl einrühren. Unter ständigem Rühren bei mittlerer Hitze anbräunen. Dann mit der Gemüsebrühe auffüllen und leicht eindicken lassen.

3 Die Sahne und den Weinessig zugeben, mit Jodsalz, Pfeffer und Petersilie würzen.

4 Die gut abgetropften Pilze zugeben und kurz erhitzen.

5 Die gegarten Semmelknödel in tiefe Teller geben und mit der Pilzsauce übergießen.

TIPP Und so können Sie Semmelknödel selbst zubereiten: 5 altbackene Brötchen in dünne Scheiben schneiden, in eine Schüssel geben und mit 1 Teelöffel Salz bestreuen. 150 Milliliter Milch erhitzen, darüber gießen und die Brötchen zugedeckt etwa 20 Minuten ziehen lassen, bis die Milch aufgesogen ist. 1 Zwiebel abziehen, 1 Bund Petersilie waschen und beides sehr fein hacken. Zwiebel, Petersilie und 2 kleine Eier zu den Brötchen geben und alles verkneten, bis der Teig bindet. In einem großen Topf reichlich Salzwasser zum Kochen bringen. Mit angefeuchteten Händen 4 bis 6 Knödel formen. Die Knödel in das kochende Wasser geben, dann die Temperatur zurückschalten und die Knödel halb zugedeckt etwa 20 Minuten gar ziehen lassen.

Wenn Sie Semmelknödel selbst herstellen, muss der Kloßteig weich sein und gut binden. Am besten vorher einen Probekloß garen: Wenn er die Form verliert oder sich sogar im Kochwasser auflöst, ist der Teig zu weich. In diesem Fall noch etwa 40 Gramm Semmelbrösel untermischen.

Spaghetti mit Tomatensauce

kcal: 700
E: 20 g
F: 25 g
K: 88 g
B: 4 g
C: 178 mg

Preis: 0,75 DM

Zutaten für 2 Personen

250 g Spaghetti • 1 EL Olivenöl • 100 ml H-Milch, 3,5 %
100 g H-Sahne • 2 EL Tomatenmark • Jodsalz, Pfeffer
Paprikapulver • Oregano • Majoran

1 Die Spaghetti in kochendem Salzwasser mit dem Olivenöl bissfest garen.

2 Für die Sauce die Milch und die Sahne in einem Topf aufkochen, dann das Tomatenmark unterrühren und mit Jodsalz, Pfeffer und Paprikapulver würzen. Zum Schluss mit den Kräutern abschmecken und das Ganze ca. 10 Minuten kochen lassen.

3 Die Spaghetti in ein Sieb schütten, abtropfen lassen und mit kaltem Wasser abschrecken.

4 Auf Tellern anrichten und mit der Tomatensauce servieren.

Spargeltoast

kcal: 732
E: 19 g
F: 49 g
K: 45 g
B: 8 g
C: 82 mg

Preis: 3,00 DM

Zutaten für 2 Personen

4 Scheiben Toastbrot • 1 EL Butter • 100 g Lachsschinken
1 Glas Spargel • 4 Scheiben Chesterscheibletten
2 EL Ketchup • Jodsalz, Pfeffer

1 Toast rösten, mit Butter bestreichen und mit Lachsschinken belegen.

2 Den Spargel abtropfen lassen und auf dem Schinken verteilen. Mit je 1 Scheibe Chesterkäse belegen und darauf etwas Ketchup geben.

3 Zum Schluss mit Jodsalz und Pfeffer würzen und im Grill oder Backofen bei 160 °C ca. 8 Minuten überbacken.

Truthahnnuggets mit verschiedenen Dips

Zutaten für 2 Personen
1 Packung Truthahnnuggets · 100 g Vollmilchjoghurt
1 EL Mayonnaise · 4 EL Ketchup · Jodsalz, Pfeffer
1 Apfel (Granny Smith) · 3 EL Zitronensaft (Citrovin)
50 ml Gemüsebrühe · 100 g Frischkäse · Currypulver

kcal: 467
E: 36 g
F: 21 g
K: 25 g
B: 3 g
C: 97 mg

Preis: 3,25 DM

Die Truthahnnuggets laut Packungsanweisung zubereiten und mit den Dips servieren.

TOMATENDIP
Joghurt mit Mayonnaise und Ketchup glatt rühren und mit Jodsalz und Pfeffer abschmecken.

APFELDIP
Den Apfel schälen, das Fruchtfleisch fein raspeln und mit Zitronensaft und Gemüsebrühe vermischen. Den Frischkäse unterrühren. Zum Schluss kräftig mit Currypulver, Jodsalz und Pfeffer abschmecken.

Zu den Truthahnnuggets passt ein knackiger Salat und Weißbrot.

Wiener Würstchen mit Schinken und Käse überbacken

Zutaten für 4 Personen
1 Dose oder Packung Wiener Würstchen · 100 g Hinterkochschinken · 100 g Gouda in Scheiben · Curryketchup

kcal: 769
E: 40 g
F: 63 g
K: 1 g
B: 0 g
C: 162 mg

Preis: 3,00 DM

1 Die Wiener Würstchen oben schräg einschneiden, erst mit Schinken-, dann mit Käsescheiben umwickeln. Mit Zahnstochern fest stecken.

2 Im Grill oder im vorgeheizten Backofen bei 180 °C ca. 15 Minuten überbacken.

3 Nach Geschmack mit Curryketchup servieren.

Süßspeisen, Kuchen und Desserts

Für viele Menschen ist ein Menü erst dann komplett, wenn eine süße Speise den Abschluss bildet. Mit ALDI-Produkten können Sie Leckereien für jeden Anlass, Geschmack und Geldbeutel kreieren. Die »süßen Sünden« sind aber nicht nur wegen ihres Geschmacks beliebt. Durch ihren hohen Gehalt an Frucht- oder Traubenzucker liefern sie schnell verfügbare Energie und sorgen für gute Stimmung.

Für das süße Finale

ALDI hat ein reichhaltiges Angebot an Obst, Nüssen und Milchprodukten, mit denen sich zahlreiche gesunde Süßspeisen und Desserts zubereiten lassen.

Die unbestrittene Krönung der süßen Küche sind Mehlspeisen – in vielen Regionen als Desserts angeboten, sind sie in größeren Portionen sättigende Hauptgerichte für Leckermäuler. Früher als Armeleuteessen verpönt, haben süße Strudel, Knödel und Aufläufe inzwischen wieder zahlreiche Anhänger gefunden.

Desserts runden ein vollwertiges Menü ab, eignen sich als kleine Zwischenmahlzeit oder für das süße Partybuffet. Frisches Obst können Sie bei Bedarf durch konservierte Früchte ersetzen.

Für so manchen geht nichts über hausgemachte Kuchen und Torten. Und bekanntermaßen schmeckt mit Liebe Gebackenes noch mal so gut. Zum Tee oder zum Kaffee können Sie Ihre Familie oder Gäste damit verwöhnen.

Mancher ist geradezu süchtig nach ihnen und verzichtet gern auf das Hauptgericht, um die doppelte Portion zu bekommen. Die Rede ist von Süßspeisen mit so unwiderstehlichen Zutaten wie frischem Obst, Sahne, Schokolade und Eis.

Bananen-Walnuss-Brot

kcal: 351
E: 9 g
F: 10 g
K: 54 g
B: 1 g
C: 37 mg

Preis: 0,55 DM

Zutaten für 10 Stück

*3 Bananen • 200 g Zucker • 1 Ei • 50 g Butter
100 g fettarmer Joghurt • 400 g Mehl • 1 Päckchen
Backpulver • 5 g Jodsalz • 200 g Walnüsse (ersatzweise
Mandeln) • Butter zum Ausfetten der Form*

1 Die geschälten Bananen mit dem Zucker fein pürieren.

2 Das Ei mit der geschmolzenen Butter und dem Joghurt zugeben und alles gut verrühren.

3 Das Mehl mit dem Backpulver und dem Jodsalz mischen und unter den Bananenteig rühren.

4 Die Walnüsse fein hacken und unter den Teig mischen.

5 Eine Kastenform fetten, den Teig hineinfüllen und die Oberfläche glatt streichen. Das Bananen-Walnuss-Brot im vorgeheizten Backofen bei einer Temperatur von 170 °C ca. 1 Stunde backen.

INFO Je reifer die Bananen, desto weniger Zucker muss man zugeben. Denn sehr reife Früchte enthalten mehr als 20 Prozent Fruchtzucker.

Das Bananen-Walnuss-Brot schmeckt nicht nur als Kuchen zum Tee, sondern, mit etwas Nuss-Nougat-Creme oder Frischkäse bestrichen, auch zum Frühstück.

Birnentarte

Zutaten für 10 Stück

*300 g Mehl • 150 g Zucker • 190 g Butter • etwas kaltes
Wasser • Jodsalz • 1,5 kg Birnen • 50 ml Zitronensaft
(Citrovin) • 30 ml Birnengeist (z. B. Birnli) • 1 Päckchen
Vanillezucker • 1 Eigelb • 1 TL H-Milch, 1,5 %
2 EL Puderzucker*

1 Das Mehl, 50 Gramm Zucker, 150 Gramm Butter, 4 Esslöffel kaltes Wasser und 1/2 Teelöffel Jodsalz in eine Schüssel geben und so lange gut durchkneten, bis sich der Teig vom Schüsselrand löst. Dann zu einer Kugel formen und abgedeckt ca. 30 Minuten kalt stellen.

2 Die Birnen waschen, schälen, vierteln und das Kerngehäuse entfernen. In einem Topf die restliche Butter erhitzen und 100 Gramm Zucker darin leicht bräunen. Zitronensaft, 3 Esslöffel Wasser, Birnengeist und Vanillezucker zur Butter geben und alles verrühren.

3 Dann die Birnenviertel hinzufügen und ca. 3 Minuten dünsten. Herausnehmen und auskühlen lassen.

4 Eine Springform von etwa 30 Zentimeter Durchmesser einfetten und mit der Hälfte des Teigs auslegen, dabei den Rand nicht vergessen. Dann den Teigboden mit einer Gabel mehrmals einstechen.

5 Die gedünsteten Birnenviertel auf dem Teig in der Form verteilen. Den restlichen Teig ausrollen, darüber legen und die Ränder etwas zusammendrücken.

6 Das Eigelb mit 1 Teelöffel Milch verquirlen und den Teigdeckel damit bestreichen. Die Birnentarte im vorgeheizten Backofen bei einer Temperatur von 200 °C auf der zweiten Stufe von unten ca. 45 Minuten backen.

7 Anschließend herausnehmen, eine Weile auskühlen lassen und vor dem Servieren mit Puderzucker bestäuben.

kcal: 415
E: 4 g
F: 18 g
K: 53 g
B: 7 g
C: 77 mg
Preis: 0,45 DM

Birnen eignen sich nicht nur für Desserts und Kuchen, sie sind auch eine ideale Ergänzung zu Käsesorten wie Roquefort, Appenzeller, Brie oder Camembert.

INFO Birnen sind reich an wachstumsfördernden und blutbildenden Inhaltsstoffen und wirken darmregulierend. Sie sollten deshalb das Birnenangebot wahrnehmen und sie so oft wie möglich verzehren.

Gebackene Früchtetörtchen

kcal: 450
E: 8 g
F: 25 g
K: 42 g
B: 2 g
C: 222 mg
Preis: 0,60 DM

Zutaten für ca. 10 Stück

250 g Mehl • 200 g Zucker • 2 Eigelbe • 150 g Butter
Jodsalz • 400 g Schattenmorellen (Glas) • 250 g H-Sahne
4 Eier • 4 EL Kirschwasser • 2 EL Puderzucker

1 Aus Mehl, 50 Gramm Zucker, Eigelbe, Butter und 1 Prise Jodsalz einen glatten Teig kneten, 1 Stunde kühlstellen. Den Teig dünn ausrollen und in kleine gebutterte Förmchen legen.
2 Die Schattenmorellen abtropfen lassen und gleichmäßig in die Förmchen verteilen.

3 Die Sahne mit den Eiern und 150 Gramm Zucker verquirlen, das Kirschwasser unterrühren. Über die Kirschen gießen, bis die Form zu 2/3 gefüllt ist.
4 Im vorgeheizten Backofen bei einer Temperatur von 180 °C ca. 35 Minuten backen. Mit Puderzucker bestreuen.

Italienischer Rotweinkuchen

kcal: 527
E: 7 g
F: 27 g
K: 58 g
B: 4 g
C: 156 mg
Preis: 0,50 DM

Zutaten für 10 Stück

250 g Butter • 250 g Zucker • 1 Päckchen Vanillezucker
4 Eier • 1 Prise Jodsalz • 150 ml Rotwein • 250 g Mehl
1 Päckchen Backpulver • 1/2 TL Zimtpulver
1 EL Kakaopulver • 100 g Halbbitterschokolade
Fett für die Form • 100 g Puderzucker

1 Butter, Zucker und Vanillezucker mit den Quirlen des Handrührgeräts schaumig rühren.

2 Die Eier trennen und die Eigelbe unter die schaumige Masse rühren. Das Eiweiß mit 1 Prise

Jodsalz würzen und steif schlagen.

3 Vom Rotwein 2 Esslöffel für die Glasur wegnehmen.

4 Das Mehl mit dem Backpulver, dem Zimt, dem Kakaopulver und der mit einem Hobel geraspelten Schokolade mischen und zusammen mit dem restlichen Wein zum Teig geben und gut verrühren.

5 Zuletzt den steifen Eischnee vorsichtig unter die Teigmasse heben. In eine ausgefettete Kastenform füllen und im Backofen bei einer Temperatur von 175 °C ca. 1 Stunde backen.

6 Für die Glasur den Puderzucker mit 2 Esslöffeln Rotwein anrühren und den fertig gebackenen, noch warmen Kuchen damit bestreichen.

Trixies Nusskuchen

Zutaten für 10 Stück
6 Eier • 250 g Zucker • 1 Päckchen Vanillezucker
400 g Haselnusskerne • 2 EL Semmelbrösel
1 Päckchen Backpulver • 1 Prise Jodsalz
Guss: 200 g Puderzucker • 3 EL H-Milch, 1,5 %

kcal: 531
E: 11 g
F: 29 g
K: 53 g
B: 3 g
C: 144 mg

Preis: 0,60 DM

1 Die Eier mit dem Zucker und dem Vanillezucker schaumig rühren.

2 Die Haselnüsse mahlen und mit den Semmelbröseln, dem Backpulver und Jodsalz vermischen.

3 Die Nussmischung zu den Eiern geben und alles gut verrühren.

4 Im vorgeheizten Backofen bei einer Temperatur von 175 °C ca. 1 Stunde backen.

5 In der Zwischenzeit den Puderzucker mit der Milch glatt rühren.

6 Den fertig gebackenen Kuchen noch warm mit der Glasur bestreichen.

Original amerikanische Brownies

kcal: 203
E: 3 g
F: 11 g
K: 21 g
B: 2 g
C: 35 mg

Preis: 0,50 DM

Zutaten für ca. 20 Stück

185 g Mehl • 1 TL Backpulver • 1 Prise Jodsalz • 90 g Butter
100 ml Wasser • 185 g Zucker • 1 Päckchen Vanillezucker
1 Tafel Halbbitterschokolade (200 g) • 2 Eier
100 g Haselnüsse

Noch besser schmecken die Brownies, wenn Sie anstelle der Haselnüsse gehackte Walnüsse verwenden.

1 Das Mehl in eine Schüssel geben und mit dem Backpulver und dem Jodsalz vermischen.

2 Die Butter zusammen mit dem Wasser in einen Topf geben und bei geringer Hitze schmelzen. Dann den Zucker und den Vanillezucker zugeben und unter Rühren auflösen.

3 Anschließend die Hälfte der Schokolade in kleinen Stücken zugeben und unter ständigem Rühren ebenfalls schmelzen.

4 Die geschmolzene Schokoladenmasse in eine Rührschüssel geben und die Eier gut unterrühren.

5 Die Haselnüsse und die andere Hälfte der Schokolade fein hacken.

6 Dann die Mehlmischung unter die Teigmasse rühren und zum Schluss die gehackten Haselnüsse sowie die Schokoladenstücke unterheben.

7 Den Teig in eine kleine, flache, gut ausgefettete Kuchenform geben und im vorgeheizten Backofen bei einer Temperatur von 160 °C ca. 35 Minuten backen.

8 Nach dem Backen die Brownies abkühlen lassen und vor dem Servieren in 20 etwa gleich große Stücke schneiden.

INFO Brownies schmecken am besten, wenn sie innen noch weich sind. Da sie sehr gehaltvoll sind, sollte man sie einzeln genießen und auf der Zunge zergehen lassen.

Saftiger Eierlikörkuchen

Zutaten für 10 Stück

1/4 l Distelöl · 1/4 l Eierlikör · 5 Eier · 250 g Puderzucker
1 Päckchen Vanillezucker · 125 g Mehl · 125 g Speisestärke
3 g Jodsalz · 1 Päckchen Backpulver · Puderzucker
zum Bestäuben

kcal: 554
E: 6 g
F: 30 g
K: 52 g
B: 1 g
C: 157 mg
Preis: 0,55 DM

1 Öl, Eierlikör und Eier miteinander verrühren, dann den Puderzucker und Vanillezucker unterrühren, bis eine schaumige Masse entsteht.

2 Das Mehl mit der Speisestärke, dem Jodsalz und dem Backpulver vermischen und unter die Eierlikörmasse rühren.

3 Den Teig in eine ausgefettete Guglhupfform füllen und im vorgeheizten Backofen bei einer Temperatur von 200 °C ca. 1 Stunde backen.

4 Den Eierlikörkuchen aus der Form stürzen, auskühlen lassen und vor dem Servieren mit Puderzucker bestäuben.

In Süddeutschland wird ein Napfkuchen Gugelhupf genannt. Der Eierlikörkuchen ist eine Variante dieses Klassikers, den man genauso gut zum Sonntagsfrühstück wie zum Nachmittagskaffee anbieten kann.

Zwetschgenkuchen

kcal: 258
E: 4 g
F: 9 g
K: 37 g
B: 3 g
C: 34 mg
Preis: 0,50 DM

Zutaten für ca. 16 Stück

1/2 Packung Hefeteig (Fertigmischung)

1/8 l lauwarmes Wasser • 1 Ei • 1 kg Zwetschgen • Öl zum Ausfetten des Blechs

Streusel: 200 g Mehl • 125 g Butter • 125 g Zucker

1/2 TL Backpulver • 1 Prise Jodsalz

Frischer Zwetschgenkuchen mit Sahne ist für Leckermäuler die Krönung herbstlicher Genüsse.

1 Hefeteig wie auf der Packung angegeben mit dem lauwarmen Wasser und dem Ei zubereiten, ausrollen und auf das geölte Blech legen. Nach Anweisung gehen lassen.
2 Die Zwetschgen waschen, in der Mitte einschneiden, entkernen und dann die beiden Hälften nochmals einschneiden, so dass sich die Zwetschgen flach auslegen lassen.
3 Den Teig mit einer Gabel mehrmals einstechen

und dann eng mit den Zwetschgen belegen.
4 Für die Streusel Mehl, warme Butter, Zucker, Backpulver und Jodsalz in eine Schüssel geben und die Zutaten so lange zwischen den Fingern reiben, bis kleine Streusel entstanden sind.
5 Gleichmäßig über den Zwetschgen verteilen und dann den Kuchen im Backofen bei einer Temperatur von 180 °C 30 Minuten backen.

Preiselbeersahnetorte

Zutaten für 14 Stück

150 g Butter • 150 g Zucker • 1 Päckchen Vanillezucker

4 Eier • 200 g Haselnusskerne • 3 EL Kakaopulver

3 gestrichene TL Backpulver • 400 g H-Sahne • 1 Päckchen

Vanillezucker • 1 Glas Preiselbeeren

1 Butter und Zucker schaumig rühren, nach und nach Vanillezucker und Eier unterrühren.

2 Die Haselnüsse mahlen. Mit Kakaopulver und Backpulver mischen, esslöffelweise unterrühren.

3 Teig in eine gefettete Springform füllen und im Backofen bei 180 °C 30 bis 40 Minuten backen.

4 Anschließend aus dem Ofen nehmen und gut auskühlen lassen.

5 Die Sahne mit dem Vanillezucker schlagen. Die abgetropften Preiselbeeren vorsichtig unterheben und diese Masse auf die Torte streichen.

6 In 14 gleich große Stücke schneiden und kalt servieren.

kcal: 382
E: 5 g
F: 29 g
K: 22 g
B 2 g
C: 125 mg
Preis: 0,75 DM

Versunkener Ananaskuchen

Zutaten für 10 Stück

200 g Butter · 175 g Zucker · 1 Päckchen Vanillezucker
4 Eier · 1 Zitrone · 250 g Mehl · 50 g Speisestärke
1/2 Päckchen Backpulver · 1 Prise Jodsalz · 1 Dose Ananas
in Stücken · 200 g Puderzucker · Fett für die Form

kcal: 483
E: 6 g
F: 20 g
K: 66 g
B: 3 g
C: 144 mg
Preis: 0,50 DM

1 Butter, Zucker und Vanillezucker schaumig schlagen. Die Eier nach und nach unterrühren.

2 Schale der Zitrone abreiben und zum Teig geben.

3 Mehl, Speisestärke, Backpulver und Jodsalz vermischen, zur Teigmasse geben und alles zu einem cremigen Teig verarbeiten.

4 Die abgetropften Ananasstücke unterheben (Saft aufheben) und den Teig in eine gefettete Kastenform geben.

5 Im Backofen bei einer Temperatur von 175 °C ca. 1 Stunde backen.

6 Den Puderzucker mit 4 Esslöffeln Ananassaft glatt rühren und damit den Kuchen überziehen.

Bratäpfel mit Eierlikör-Quark-Sauce

kcal: 353
E: 1 g
F: 16 g
K: 31 g
B: 5 g
C: 196 mg

Preis: 1,00 DM

Zutaten für 2 Personen
2 Äpfel (Granny Smith) · 125 g Sahnequark · 1 Eigelb
1 TL Honig · 1 EL fein gehackte Trockenpflaumen
1 EL gehackte Haselnüsse · 2 cl Eierlikör · 1/2 Päckchen
Vanillezucker · 1 TL Zitronensaft

1 Die Äpfel waschen und das Kerngehäuse vorsichtig ausstechen, aber nur so weit, dass der Apfel einen Boden behält.

2 2 Esslöffel Quark mit dem Eigelb, dem Honig, den Trockenpflaumen und den Haselnüssen verrühren.

3 Jeden Apfel auf ein Stück Alufolie setzen und mit der Quarkmasse füllen. Die Alufolie um die Äpfel drücken und oben fest verschließen. Im vorgeheizten Backofen bei 220 °C ca. 25 Minuten backen.

4 Den restlichen Quark mit dem Eierlikör cremig rühren und zum Schluss mit dem Vanillezucker und dem Zitronensaft abschmecken.

5 Bratäpfel auf Tellern anrichten und dazu die Eierlikörsauce reichen.

Crêpes mit karamelisierten Früchten

Am besten gelingen Crêpes in beschichteten Pfannen. Darin können sie auf keinen Fall anhängen.

Zutaten für 2 Personen
Teig: 150 g Mehl · 1 Ei · 1 Eigelb · 100 ml H-Milch, 1,5 %
1 TL Zucker · 1 Prise Jodsalz · 1 TL Sonnenblumenöl
Butter zum Ausbacken
Karamelisierte Früchte: 1 EL Butter · 2 EL Zucker
1 Dose Früchtecocktail · Saft und Schale von 1/2 Zitrone
2 EL gehackte Walnüsse

1 Aus Mehl, Ei, Eigelb, Milch, Zucker, Jodsalz und Öl einen geschmeidigen Teig herstellen. In einer Pfanne mit etwas Butter ganz dünne, helle Crêpes ausbacken.

2 Butter in einer Pfanne erhitzen, den Zucker hinzugeben und bei geringer Hitze unter ständigem Rühren karamelisieren lassen. Mit dem Saft des Fruchtcocktails aufgießen, die abgeriebene Zitronenschale und den Zitronensaft zugeben und kurz aufkochen.

3 In dieses Früchtebad die zusammengerollten Crêpes legen. Die Früchte zugeben und alles noch einmal kurz erhitzen.

4 Zum Schluss die Crêpes mit gehackten Walnüssen bestreuen und servieren.

kcal: 792
E: 8 g
F: 28 g
K: 101 g
B: 9 g
C: 298 mg
Preis: 0,75 DM

Kaiserschmarren

Zutaten für 2 Personen
4 Eigelbe · 2 EL Zucker · 1/4 l H-Milch, 1,5 % · 125 g Mehl
1 Prise Jodsalz · 4 Eiweiße · Butter zum Ausbacken
Puderzucker zum Bestäuben

kcal: 552
E: 26 g
F: 19 g
K: 61 g
B: 6 g
C: 636 mg
Preis: 0,75 DM

1 Eigelbe mit dem Zucker schaumig rühren. Dann nach und nach Milch, Mehl und Salz unterrühren.

2 Das Eiweiß steif schlagen und vorsichtig unter die Eigelbmasse heben.

3 In einer Pfanne den Teig wie Pfannkuchen backen, allerdings wird der Kaiserschmarren nach dem Umdrehen sofort mit zwei Gabeln zerpflückt und nur noch kurz fertig gebacken.

4 Anschließend auf Tellern anrichten und mit Puderzucker bestäuben.

TIPP Wenn Sie möchten, können Sie zum Teig auch Sultaninen oder Rosinen geben.

Erdbeergratin

kcal: 612	
E: 13 g	
F: 42 g	
K: 39 g	
B: 7 g	
C: 698 mg	
Preis: 1,75 DM	

Zutaten für 2 Personen
500 g Erdbeeren • 125 g H-Sahne • 4 Eigelbe • 2 EL Zucker
1 Päckchen Vanillezucker • 1 Zitrone • 20 g Mandeln
Puderzucker zum Bestäuben

1 Die Erdbeeren waschen und putzen. Je nach Größe vierteln und halbieren.

2 Die Sahne steif schlagen. Die Eigelbe mit Zucker, Vanillezucker und abgeriebener Zitronenschale verrühren und unter die Sahne heben.

3 3/4 der Erdbeeren in eine große feuerfeste Form oder in 2 kleinere Förmchen legen. Dann die Sahnemasse darüber geben. Die restlichen Erdbeeren darauf verteilen. Im vorgeheizten Grill oder Backofen bei höchster Stufe goldbraun gratinieren.

4 Mit fein gehackten und gerösteten Mandeln bestreuen und mit Puderzucker bestäuben.

TIPP Zur Verfeinerung des Erdbeergratins eignen sich frische Minze oder Zitronenmelisse. Man kann die Früchte auch mit etwas Grand Marnier übergießen.

Müslistrudel

Zutaten für 2 Personen
Teig: 150 g Mehl • 1 EL Distelöl • 1 Eigelb • Jodsalz
3–4 EL Wasser
Füllung: 200 g Müsli ohne Zucker • 100 ml H-Milch, 1,5 %
50 g fettarmer Joghurt • 50 g Honig • 1 Apfel • 1 Banane
50 g Sultaninen • Saft von 1 Orange • Butter zum
Bestreichen des Strudels

1 Das Mehl in eine Schüssel geben und das Öl, das Eigelb, etwas Jodsalz und das Wasser hinzufügen. Alles zu einem glatten Teig verkneten. Diesen in Frischhaltefolie wickeln und etwa 2 Stunden kalt stellen.

2 Das Müsli zusammen mit der Milch, dem Joghurt und dem Honig in eine Schüssel geben. Den Apfel waschen, schälen, vierteln, entkernen und in Würfel schneiden. Die Banane schälen, in Scheiben schneiden und zusammen mit dem Apfel, den Rosinen und dem Orangensaft zu der Müslimasse geben. Die Mischung etwa 1 Stunde quellen lassen.

3 Den Backofen auf 200° C vorheizen. Den Strudelteig auf einem bemehlten Tuch zunächst ausrollen, dann mit den Händen hauchdünn auf etwa 40 mal 30 Zentimeter ausziehen. Die Füllmasse auf 1/3 des Teigs streichen, dabei einen schmalen Rand lassen. Die Teigränder einschlagen und den Strudel der Länge nach zusammenrollen. Dazu das Tuch an der Seite, wo sich die Füllung befindet, leicht anheben.

4 Den Strudel mit der Teignaht nach unten auf ein mit Backpapier ausgelegtes Backblech setzen. Ca. 2 Esslöffel Butter zerlassen und mit einem Backpinsel auf den Strudel streichen. Den Strudel im Ofen 30 bis 35 Minuten backen, bis die Oberseite leicht gebräunt ist, herausnehmen, kurz ruhen lassen, aufschneiden und servieren.

kcal: 782
E: 17 g
F: 15 g
K: 135 g
B: 15 g
C: 163 mg

Preis: 2,00 DM

Am besten schmeckt der Müslistrudel lauwarm zum Kaffee oder als süßes Hauptgericht nach einer leichten Suppe.

TIPP Anstelle von Äpfeln und Bananen können Sie je nach Jahreszeit natürlich auch andere Früchte in die Müslimasse geben. Servieren Sie den heißen Müslistrudel mit fertig gekaufter oder selbst gemachter Vanillesauce (Rezept auf Seite 105).

Quarkauflauf mit Heidelbeeren

kcal: 776	
E: 30 g	
F: 32 g	
K: 82 g	
B: 6 g	
C: 475 mg	
Preis: 1,75 DM	

Zutaten für 2 Personen

25 g Margarine • 50 g Puderzucker • etwas Vanillezucker
3 Eigelbe • 250 g Magerquark • abgeriebene Schale von
1/2 Zitrone • 1 Prise Jodsalz • 3 Eiweiße • 1 EL Margarine
zum Ausfetten • 1 EL Haselnusskerne • 1 Glas Heidelbeeren

1 Die Margarine mit dem Puderzucker, dem Vanillezucker und den Eigelben schaumig rühren. Dann den Quark, die Zitronenschale und 1 Prise Jodsalz dazugeben und gut vermischen.
2 Das Eiweiß steif schlagen und unterheben. In eine gefettete und mit gemahlenen Haselnüssen ausgestaubte Form die Hälfte der Quarkmasse geben. Die abgetropften Heidelbeeren darauf verteilen.
3 Mit der restlichen Quarkmasse bedecken und im vorgeheizten Backofen bei 200 °C ca. 25 Minuten backen.

Topfenknödel schmecken auch hervorragend, wenn man sie mit ganz reifen, zuckersüßen Zwetschgen füllt.

Topfenknödel mit Himbeersauce

Zutaten für 4 Personen

Teig: 500 g Sahnequark · 2 EL Mehl · 2 EL Weizengrieß
2 EL Semmelbrösel · 1 Ei · Jodsalz
Brösel: 75 g Butter · 50 g Semmelbrösel
Sauce: 1 Glas Himbeeren · 2 EL Zucker
2 EL Himbeergeist · Zucker zum Bestreuen

kcal: 637
E: 20 g
F: 32 g
K: 56 g
B: 5 g
C: 151 mg
Preis: 1,25 DM

1 Den Quark in ein Tuch geben und die Flüssigkeit ausdrücken, bis der Quark so trocken ist, dass er »bröselt«.

2 Dann den Quark mit dem Mehl, dem Grieß, den Semmelbröseln, dem Ei und dem Jodsalz vermengen und mit dem Handmixer zu einem geschmeidigen Teig kneten.

3 Aus dem Teig etwa 12 Knödel formen und diese in siedendes Salzwasser legen. Kurz aufkochen und dann nur noch bei geringer Hitzezufuhr ca. 10 Minuten ziehen lassen.

4 In der Zwischenzeit die Himbeeren mit dem Saft aus dem Glas und dem Zucker in einen Topf geben und bei geringer Hitze leicht einkochen lassen. Anschließend mit dem Pürierstab pürieren. Zum Schluss den Himbeergeist unterrühren.

5 Die Butter in einer Pfanne erhitzen, dann die Semmelbrösel hinzufügen und kurz anrösten. Die abgetropften Quarkknödel darin wälzen.

6 Die Quarkknödel mit Zucker bestreuen und dazu die Himbeersauce servieren.

Topfenknödel schmecken genauso gut wie Zwetschgenknödel (siehe Seite 106), sind aber schneller und einfacher zuzubereiten. Ohne Zucker und Zimt oder fruchtige Saucen passen sie auch zu Salat.

TIPP Reichen Sie die Quarkknödel zur Abwechslung einmal mit Vanillesauce oder Apfelkompott. Statt in Semmelbröseln können Sie sie auch in Mohn oder in einer Mischung aus Zimt und Zucker wälzen.

Wiener Apfelstrudel

kcal:	781
E:	12 g
F:	20 g
K:	128 g
B:	19 g
C:	18 mg

Preis: 1,40 DM

Der Wiener Apfelstrudel schmeckt noch saftiger, wenn Sie 20 Minuten vor Garende eine Kanarienmilch (3 Eier mit 1/2 l Milch verquirlen) darüber gießen und mitgaren.

Zutaten für 4 Personen

300 g Mehl · 4 EL Sonnenblumenöl · 150 ml lauwarmes Wasser · Jodsalz · 1,5 kg Äpfel (Granny Smith) · Saft von 1 Zitrone · 80 g Semmelbrösel · 2 EL Butter · 50 g Puderzucker · 1 Messerspitze Zimtpulver · 100 g Sultaninen Butter zum Bestreichen · Puderzucker zum Bestäuben

1 Mehl auf ein Nudelbrett oder eine Arbeitsfläche sieben und in der Mitte eine Mulde formen. Öl, lauwarmes Wasser und 1 Prise Jodsalz nach und nach in die Vertiefung geben. Mit einem Kochlöffel so lange rühren, bis ein mittelfester Teig entsteht. Diesen dann kräftig kneten, bis er glatt und geschmeidig ist. Das Brett mit Mehl bestäuben, den Teig darauf legen und mit etwas Öl bestreichen. Zugedeckt ca. 30 Minuten ruhen lassen.

2 In der Zwischenzeit die Füllung vorbereiten. Die Äpfel schälen und entkernen. Dann hobeln und mit dem Saft der Zitrone beträufeln. Die Brösel in

Butter anrösten und dann den Puderzucker, das Zimtpulver und die Sultaninen dazugeben. Alles miteinander vermischen.

3 Ein großes Geschirrtuch mit Mehl bestäuben. Den Teig halbieren, mit der geölten Seite nach oben auf das Tuch legen, dünn ausrollen und mit den Händen 2 Rechtecke von ca. 40 mal 30 Zentimeter ausziehen.

4 Die Teigplatten mit der geschmolzenen Butter beträufeln. Nun die Apfelfüllung darauf verteilen. An den Rändern 4 bis 5 Zentimeter Teig frei lassen. Von der jeweils langen Teigplattenseite mit Hilfe des Geschirrtuchs einen Strudel formen und mit der Nahtseite nach unten in eine gefettete Bratform geben.

5 Den Strudel mit geschmolzener Butter bestreichen und im vorgeheizten Backofen bei einer Temperatur von 200 °C 40 bis 45 Minuten backen, bis die Oberfläche goldbraun ist. Zwischendurch nochmals mit Butter bestreichen.

6 Anschließend aus dem Ofen nehmen, in Stücke schneiden und mit Puderzucker bestäuben.

Selbst gemachte Vanillesauce

Zutaten für 2 Personen

1/2 l H-Milch, 1,5 % • 2 Eigelbe • 1 EL Speisestärke 50 g Zucker
1 Päckchen Vanillezucker

kcal: 185
E: 7 g
F: 6 g
K: 25 g
B: 0 g
C: 164 mg

Preis: 0,50 DM

1 100 Milliliter Milch mit den Eigelben und der Stärke vermischen.

2 400 Milliliter Milch mit Zucker und Vanillezucker aufkochen. Den Topf vom Herd nehmen und die mit Eigelben und Stärke angerührte Milch unter langsamem Zugießen mit einem Schneebesen in die heiße Milch einschlagen.

3 Den Topf wieder auf den Herd stellen, unter ständigem Rühren erhitzen, bis die Sauce leicht eingedickt ist.

4 Anschließend in ein Serviergefäß umgießen und notfalls im Wasserbad warm stellen oder kurz vor dem Servieren nochmals in der Mikrowelle erhitzen.

TIPP Vanillesauce passt nicht nur hervorragend zu Apfelstrudel, sondern auch zu süßen Mehlspeisen aller Art, weiterhin zu Obstsalaten, Kompotten, Cremes und Puddings. Nach Belieben kann man diese süße Köstlichkeit noch mit frischer Bourbon-Vanille verfeinern.

Zwetschgenknödel

kcal: 1423	
E: 27 g	
F: 46 g	
K: 208 g	
B: 19 g	
C: 325 mg	

Preis: 0,85 DM

Zutaten für 4 Personen

1 kg Kartoffeln · 180 g Butter · 100 g Weizengrieß · 1 Ei
2 Eigelbe · 1/2 TL Jodsalz · 450 g Mehl · 12 Zwetschgen
12 Zuckerwürfel · 100 g Semmelbrösel · 50 g Zucker
Zimtzucker zum Bestreuen

Zwetschgen sind reich an Ballaststoffen und sind deshalb ideale Verdauungshelfer.

1 Die Kartoffeln unter fließendem Wasser abbürsten und in Salzwasser gar kochen. Abgießen und abkühlen lassen.

2 Die Kartoffeln pellen und durch die Kartoffelpresse auf die Arbeitsfläche drücken. Eine Mulde bilden. 100 Gramm Butter, den Grieß, das Ei, die Eigelbe und das Jodsalz darauf geben, das Mehl darüber sieben und alles zu einem Teig kneten. Diesen ca. 15 Minuten ruhen lassen.

3 Die Zwetschgen waschen und entsteinen. In jede Zwetschge 1 Zuckerwürfel (oder 1 Teelöffel Zucker) geben.

4 In einem großen Topf Wasser mit 1 Teelöffel Salz zum Kochen bringen. Aus dem Teig kleine Knödel formen, mit dem Daumen eine Mulde eindrücken, die Zwetschgen hineinlegen und mit dem Teig bedecken. Mit den Händen rund formen.

5 Die Knödel im siedenden Wasser 10 bis 20 Minuten ziehen lassen, bis sie hochsteigen. Nicht mehr kochen lassen.

6 80 Gramm Butter in einer Pfanne schmelzen und die Semmelbrösel darin anbräunen. Den Zucker zugeben, alles miteinander verrühren.

7 Die Knödel aus dem Topf nehmen, abtropfen lassen und in den heißen Butterbröseln wälzen.

8 Auf Tellern anrichten und je nach Geschmack mit Zimtzucker oder etwas geschmolzener Butter servieren.

Schokoladenstrudel

Zutaten für 6 Personen
Teig: 250 g Mehl • 1 TL Essig • 1 EL Distelöl • Jodsalz
1/8 l lauwarmes Wasser
Füllung: 100 g Butter • 1 1/2 Tafeln Schokolade • 6 Eigelbe
140 g Puderzucker • 100 g Mandeln • 2 Semmeln
50 g Semmelbrösel • 6 Eiweiße • 1/8 l H-Milch, 1,5 %
Margarine für die Form

| kcal: 794 |
| E: 21 g |
| F: 41 g |
| K: 78 g |
| B: 9 g |
| C: 281 mg |
| Preis: 0,85 DM |

1 Aus Mehl, Essig, Öl, Jodsalz und lauwarmem Wasser auf einem unbemehlten Brett einen halb weichen Teig zubereiten. So lange kneten, bis sich der Teig leicht vom Brett und von der Hand löst und seidig glatt ist.

2 Den Teig zu einer Kugel formen, mit Öl bestreichen und unter einer warmen Schüssel ca. 30 Minuten ruhen lassen.

3 Die Butter in einer Schüssel schaumig rühren, nach und nach die im Wasserbad geschmolzene Schokolade unterrühren, bis die Masse steif und hell ist.

4 Die Eigelbe und den Puderzucker abwechselnd zugeben und gut verrühren. Die geschälten und geriebenen Mandeln, die eingeweichten und gut ausgedrückten Semmeln und die Semmelbrösel unterheben. Zum Schluss das steif geschlagene Eiweiß unterheben.

5 Den Strudelteig auf einem bemehlten Tuch ausziehen, die Füllung darauf verteilen, einrollen und mit der Naht nach unten in eine mit Butter ausgefettete Auflaufform geben. Im Backofen bei einer Temperatur von 180 °C etwa 30 Minuten backen. Zwischendurch mit einigen Löffeln Milch übergießen.

6 Mit selbst gemachter Vanillesauce (Rezept auf Seite 105) servieren.

Bananensoufflé

kcal: 395
E: 7 g
F: 21 g
K: 40 g
B: 2 g
C: 217 mg
Preis: 0,65 DM

Zutaten für 4 Personen
60 g Butter · 80 g Zucker · 3 Eigelbe · 2 Bananen · Saft von
1 Zitrone · 50 g Vollmilchschokolade · 1 EL Speisestärke
3 Eiweiße · Puderzucker zum Bestäuben

1 Die Butter mit 2 Esslöffeln Zucker schaumig rühren und die Eigelbe nach und nach unterrühren.

2 Die Bananen schälen, klein schneiden und zusammen mit dem Saft der Zitrone im Mixer pürieren. Das Püree zur Eier-Butter-Masse geben und unterrühren. Dann die in kleine Stücke zerbröckelte Schokolade und die Speisestärke unterrühren.

3 4 kleine Souffléförmchen mit einem Durchmesser von etwa 7 Zentimeter mit Butter ausfetten und mit Zucker ausstreuen.

4 Das Eiweiß steif schlagen, dabei nach und nach den restlichen Zucker einrieseln lassen. Den Eischnee unter die Bananenmasse heben und die Förmchen zu 3/4 damit füllen.

5 Die Souffléförmchen in eine feuerfeste Form stellen und diese bis knapp unter den Rand mit heißem Wasser füllen. Dann in den auf 90 °C vorgeheizten Backofen stellen und die Soufflés 20 bis 25 Minuten backen. Die Temperatur des Wasserbads sollte dabei nicht unter 80 °C sinken, aber auch nicht auf 100 °C ansteigen (das Wasser darf auf keinen Fall kochen).

6 Die fertigen Bananensoufflés aus den Förmchen stürzen und mit der gebackenen Seite nach oben auf Tellern anrichten. Mit dem Puderzucker bestäuben und sofort servieren.

Den Backofen während der Backzeit nicht öffnen: Solange das Soufflé noch flüssig ist, fällt es beim geringsten Luftzug zusammen.

Schaumomelett mit Kirschquark

Zutaten für 2 Personen
*4 Eier · 100 ml Mineralwasser · 50 g Mehl · 2 EL Sonnen-
blumenöl · 150 g Sahnequark · 1 EL Zucker
1/2 Glas Schattenmorellen · Puderzucker zum Bestäuben*

kcal: 665
E: 27 g
F: 33 g
K: 55 g
B: 3 g
C: 507 mg
Preis: 1,25 DM

1 Eier und Mineralwasser mit den Quirlen des Handrührgeräts schaumig schlagen, nach und nach das Mehl unterrühren.
2 In einer beschichteten Pfanne das Öl erhitzen und aus der Teigmasse 2 Omeletts ausbacken.

3 Den Quark mit dem Zucker verrühren und dann die abgetropften Kirschen unterheben.
4 Die Omeletts mit dem Kirschquark füllen, zusammenklappen und mit etwas Puderzucker bestäuben.

Grüner Obstsalat

Zutaten für 4 Personen
*300 g grüne Weintrauben · 1 Kiwi · 1/2 Galia-Melone
2 EL Zucker · 2 EL Obstwasser*

kcal: 135
E: 1 g
F: 0 g
K: 26 g
B: 3 g
C: 0 mg
Preis: 0,65 DM

1 Die Weintrauben sorgfältig waschen und halbieren, die Kiwi und die Melone schälen und das Fruchtfleisch in kleine Stücke schneiden.

2 Früchte in eine Schüssel geben und mit dem Zucker und dem Obstwasser verfeinern.
3 In kleine Schüsseln verteilen und servieren.

INFO Wussten Sie, dass Weintrauben viel Traubenzucker enthalten und somit die Konzentrationsfähigkeit in Stresssituationen steigern?

Gebackene Erdbeeren in Champagner

kcal: 385
E: 10 g
F: 5 g
K: 46 g
B: 7 g
C: 120 mg

Preis: 4,25 DM

Zutaten für 4 Personen

125 g Mehl · 1 Prise Jodsalz · 125 ml Weißwein (z. B. Soave)
2 Eigelbe · 500 g Erdbeeren · 2 EL Puderzucker
Saft von 1 Zitrone · Butterschmalz zum Frittieren
2 Eiweiße · 50 g Mehl · Zimt und Zucker zum Bestreuen
1/2 l Champagner oder Sekt

Erdbeeren sind nicht nur Bestandteil vieler süßer Desserts, sie passen auch in jeden Obstsalat und ausgezeichnet zu Quark und Frischkäse.

1 Für den Teig das Mehl in eine Schüssel sieben und mit dem Jodsalz, dem Wein und den Eigelben glatt rühren. Die Masse etwa 1/2 Stunde ruhen lassen.

2 In der Zwischenzeit die Erdbeeren waschen und putzen. 12 Erdbeeren zurückbehalten. Weitere 5 bis 6 Erdbeeren in Streifen schneiden und die restlichen Früchte mit einem Küchenmesser grob zerkleinern.

3 Die zerkleinerten Erdbeeren in eine Schüssel geben und den Puderzucker darüber streuen. Die Erdbeeren mit einem Mixstab pürieren und den Zitronensaft zugeben. Das Mus durch ein Sieb streichen und die Erdbeerstreifen darunter mischen. Das Erdbeermus kühl stellen.

4 Das Frittierfett in einer Fritteuse oder einem nicht zu großen Topf auf 180 °C erhitzen.

5 Das Eiweiß steif schlagen und unter den Weinteig heben. Die zurückbehaltenen Erdbeeren in dem Mehl wenden, auf eine Gabel spießen und vorsichtig durch den Teig ziehen.

6 Die Erdbeeren in heißem Butterschmalz goldbraun ausbacken, dabei mehrmals wenden. Anschließend auf einem Küchenpapier gut abtropfen lassen. Den Zucker mit dem Zimt mischen und die Erdbeeren darin wälzen.

7 Das Erdbeerpüree aus dem Kühlschrank nehmen und mit dem Champagner aufgießen. Die Suppe in tiefe Teller verteilen und je 3 warme, ausgebackene Erdbeeren dazu servieren.

INFO Außer dem einmaligen Aroma gibt es noch einen anderen Grund, so oft wie möglich Erdbeeren zu essen: Sie sind reich an Vitaminen und Mineralstoffen.

Schokoladencreme

Zutaten für 4 Personen
100 g Halbbitterschokolade • 3 Eier • 3 EL Zucker
200 g H-Sahne

kcal: 406
E: 9 g
F: 29 g
K: 25 g
B: 2 g
C: 235 mg
Preis: 0,65 DM

1 Die Schokolade im Wasserbad oder in der Mikrowelle bei geringer Stufe schmelzen. Zwischendurch umrühren.

2 In der Zwischenzeit die Eier trennen und das Eiweiß steif schlagen.

3 Die Eigelbe mit dem Zucker schaumig rühren. Dann die geschmolzene Schokolade dazugeben und gut verrühren.

4 Das steif geschlagene Eiweiß vorsichtig unterheben, bis eine gleichmäßige Masse entsteht.

5 Die Sahne steif schlagen und zum Schluss unter die Schokoladencreme rühren. Im Kühlschrank ca. 2 Stunden kalt stellen. Anschließend mit einem Esslöffel kleine Nocken abstechen und auf Desserttellern servieren.

TIPP Je nach Geschmack können Sie die Schokoladencreme mit pürierten Erdbeeren oder selbst gemachter Vanillesauce (Rezept auf Seite 105) servieren.

Mousse von getrockneten Pflaumen

kcal: 226
E: 2 g
F: 8 g
K: 30 g
B: 4 g
C: 27 mg
Preis: 0,85 DM

Zutaten für 6 Personen

200 g Trockenpflaumen • 20 ml Zwetschgenwasser
1 EL Zucker • 1 TL Vanillezucker • 150 g H-Sahne
300 g frische Pflaumen • 2 EL Rotwein (z. B. französischer
Landwein) • 1 Zimtstange

1 Die getrockneten Pflaumen am besten über Nacht mit Wasser zugedeckt einweichen. Dann abtropfen lassen, entsteinen und klein schneiden.
2 Anschließend die klein geschnittenen Pflaumen mit dem Zwetschgenwasser, dem Zucker und dem Vanillezucker in einen Mixer geben und pürieren.
3 Die Sahne steif schlagen und vorsichtig unter die Pflaumenmasse rühren. Die Mousse im Kühlschrank ca. 2 Stunden kalt stellen, bis sie fest geworden ist.
4 Für die Sauce die frischen Pflaumen waschen, entkernen und mit dem Rotwein und der Zimtstange in einem Topf zugedeckt zum Kochen bringen und ca. 10 Minuten auf mittlerer Stufe kochen lassen.
5 Die Zimtstange entfernen und alles pürieren, durch ein Sieb streichen und zur angerichteten Pflaumenmousse reichen.

Wenn Sie keine frischen Pflaumen bekommen, können Sie die Mousse auch auf Vanillesauce oder Konservenobst anrichten.

Gefrorenes Joghurtdessert mit Früchten

Zutaten für 6 Personen

500 g frische Früchte nach Wahl und Saison
2 Becher probiotischer Joghurt • 3 EL Zucker
200 g H-Sahne • Früchte zum Verzieren

1 Die Früchte waschen, putzen und im Mixer fein pürieren.

2 Den Joghurt mit dem Zucker und den pürierten Früchten gut vermischen.

3 Die Sahne schlagen, unter die Joghurt-Frucht-Mischung heben und im Gefrierfach fest werden lassen.

4 Nach ca. 2 Stunden das gefrorene Joghurt-Frucht-Dessert auf Tellern anrichten und mit frischen Früchten verzieren.

kcal: 318
E: 4 g
F: 13 g
K: 43 g
B: 3 g
C: 42 mg

Preis: 0,85 DM

INFO Probiotische Milchprodukte unterscheiden sich von den normalerweise im Handel erhältlichen Sauermilchprodukten dadurch, dass die in ihnen enthaltenen Milchsäurebakterien nicht durch die Magensäure zerstört werden. Sie bleiben länger aktiv und können so im Darm ihre Wirksamkeit voll entfalten. Diese neuartigen Joghurtkulturen regen nicht nur die Verdauung an, sie stärken auch das Immunsystem und bieten Schutz vor krank machenden Keimen. Darüber hinaus sind sie in der Lage, den Cholesterinspiegel zu senken.

Waldfrucht-Joghurt-Eis

Zutaten für 2 Personen
2 EL Zucker • 125 g H-Sahne • 1/2 Becher fettarmer Joghurt
2 EL Waldfruchtkonfitüre

kcal: 292
E: 2 g
F: 20 g
K: 24 g
B: 0 g
C: 270 mg

Preis: 0,75 DM

1 Zucker, Sahne und Joghurt in einer Schüssel miteinander verrühren. Dann die Waldfruchtkonfitüre unterrühren und diese Sauce in kleine Förmchen geben.

2 Im Tiefkühlfach ca. 2 bis 3 Stunden gefrieren.

3 Vor dem Servieren die Förmchen ganz kurz in heißes Wasser tauchen und das Eis auf einen Teller stürzen.

Gebackene Amarettobananen

kcal: 228
E: 3 g
F: 2 g
K: 45 g
B: 3 g
C: 12 mg
Preis: 0,75 DM

Zutaten für 2 Personen
75 ml Orangensaft • 1 EL Zucker • 1 EL Amaretto
1 TL Speisestärke • 1 TL Wasser • 1/2 Dose Mandarinen
1 Banane • 1/2 Becher probiotischer Joghurt

1 Den Orangensaft mit dem Zucker und dem Amaretto zum Kochen bringen.
2 Die Speisestärke in Wasser auflösen, zum Saft geben und ca. 2 Minuten aufkochen lassen.
3 Anschließend die Mandarinen zugeben und ca. 5 Minuten kochen lassen, bis alles leicht eingedickt ist.

4 Die Banane der Länge nach durchschneiden, auf 2 hitzebeständigen Tellern verteilen und mit der Mandarinensauce übergießen.
5 Im Backofen bei 200 °C die Bananen ca. 15 Minuten backen.
6 Die gebackenen Amarettobananen noch heiß mit 1 bis 2 Esslöffeln Joghurt servieren.

Erdbeer-Apfel-Tiramisu

kcal: 552
E: 14 g
F: 15 g
K: 38 g
B: 2 g
C: 110 mg
Preis: 1,10 DM

Zutaten für 6 Personen
1 Eigelb • 2 EL Zucker • 250 g Frischkäse • 250 g Magerquark
1 Eiweiß • 1 Glas Apfelkompott • 2 EL Grand Marnier
1 Tortenboden (Biskuit) • 250 g Erdbeeren

1 Das Eigelb und den Zucker mit den Quirlen des Handrührgeräts schaumig schlagen und den Frischkäse und den

Quark unterrühren. Mit dem Schneebesen zu einer glatten Masse rühren.
2 Das Eiweiß steif schlagen und vorsichtig

unter die Frischkäse-Quark-Masse heben.

3 Das Apfelkompott mit dem Grand Marnier vermischen.

4 Eine Auflaufform mit der Hälfte des Tortenbodens auslegen und die Hälfte des Apfelkompotts darauf verteilen. Anschließend die Hälfte der Frischkäse-Quark-Masse darauf verteilen.

5 Das Ganze noch einmal wiederholen und zum Schluss die gewaschenen und in Scheiben geschnittenen Erdbeeren auf der obersten Cremeschicht verteilen. Im Kühlschrank ca. 2 Stunden gut durchziehen lassen.

Je nach Geschmack können Sie das Apfelkompott für das Tiramisu noch mit Rosinen, Zimt, Mandeln, Vanille oder Zitronensaft verfeinern.

TIPP Wenn's mal schnell gehen soll, einfach 4 Esslöffel Zucker über 750 Gramm geputzte und klein geschnittene Erdbeeren streuen und ziehen lassen. Mit 1/2 Liter Milch oder 200 Gramm geschlagener Sahne servieren. Nach Geschmack nicht nur einzuckern, sondern mit etwas Zitronensaft oder Grand Marnier übergießen.

Eine fruchtige und sommerlich-leichte Variante des berühmten Dessertklassikers aus Italien: Erdbeer-Apfel-Tiramisu.

Drinks

Getränke sind ein wichtiger Bestandteil der täglichen Ernährung. Der Durst sollte jedoch in erster Linie mit kalorienarmen, mineralstoffreichen Getränken gelöscht werden. ALDI bietet neben Spirituosen, Wein und Bier eine breite Auswahl an Obst- und Gemüsesäften sowie Mineralwasser und Erfrischungsgetränke.

Gesunde Durstlöscher

Die folgenden Drinks sind als kleine Zwischenmahlzeit genauso geeignet wie für den großen Durst. Sie liefern reichlich Vitamine, füllen die Mineralstoffdepots und kommen auch bei Kindern gut an. Vitamine und Mineralstoffe sind viel mehr als eine bloße Nahrungsergänzung. Für das reibungslose Funktionieren unseres Stoffwechsels sind sie lebensnotwendig. Da der menschliche Körper diese wertvollen Vitalstoffe nicht selbst herstellen kann, müssen wir sie mit der Nahrung aufnehmen. Drinks sind nicht nur eine köstliche Erfrischung, sie leisten auch einen wichtigen Beitrag zu einer ausgewogenen Ernährung. Sie enthalten die meisten derjenigen Nährstoffe, die der Organismus benötigt, um leistungsfähig und gesund zu bleiben.

Wer Frucht- und Gemüsesäfte trinkt, ernährt sich gesundheitsbewusst und genussvoll zugleich – natürliche Schönheit kommt ja bekanntlich von innen. Um sich nach einem anstrengenden Tag bei einem kleinen Cocktail zu entspannen oder um besondere Anlässe entsprechend zu feiern, finden Sie unter den folgenden Rezepten auch Drinks mit Alkohol.

Mixgetränke auf der Basis von Milchprodukten sind einfach herzustellen und vor allem sehr gesund. Mixt man mit Obst, Fruchtsäften, Gemüse oder frischen Kräutern, gibt man dem Körper wichtige Vitamine und Mineralstoffe, hält aber die Kalorienzufuhr in Grenzen.

Bananen-Power-Mix

kcal: 113
E: 1 g
F: 0 g
K: 25 g
B: 4 g
C: 0 mg
———
Preis: 0,50 DM

Zutaten für 2 Personen
1 Banane · 300 ml Multivitaminfruchtsaft
200 ml Mineralwasser · einige Eiswürfel

1 Die Banane in einem Mixer fein pürieren.
2 Dann den Multivitaminfruchtsaft dazugeben und alles gut vermischen.

3 In Gläser füllen und mit Mineralwasser aufgießen.
4 Eisgekühlt mit ein paar Eiswürfeln schmeckt der Bananen-Power-Mix noch köstlicher.

INFO Bananen sind reich an Magnesium und Kohlenhydraten und sorgen für bessere Konzentration und größeres Leistungsvermögen. Die Vitamine im Multivitaminfruchtsaft versorgen Sie zusätzlich mit Power.

Eiskalter Apfel-Erdbeer-Drink

kcal: 86
E: 1 g
F: 1 g
K: 17 g
B: 4 g
C: 0 mg
———
Preis: 0,75 DM

Zutaten für 2 Personen
einige Eiswürfel · 250 g Erdbeeren · 250 ml Apfelsaft

1 Die Eiswürfel im Mixer zerkleinern, anschließend in Gläser füllen.
2 Erdbeeren waschen, putzen und fein pürieren. 2 Erdbeeren zum Garnieren beiseite legen.

3 Den Apfelsaft hinzufügen und alles gut vermischen.
4 Zu den zerkleinerten Eiswürfeln geben und die Gläser mit je 1 Erdbeere garnieren.

INFO Dieser Saft wirkt durch Magnesium entwässernd und ist daher sehr wohltuend für Nieren und Blase.

Traubensaft-Joghurt-Flip

Zutaten für 2 Personen
200 ml Traubensaft • 2 Becher probiotischer Joghurt
frische Pfefferminze zum Garnieren

1 Den Traubensaft mit dem Joghurt in einem Mixer verquirlen.

2 In Gläser füllen und mit frischer Pfefferminze garnieren.

kcal: 141
E: 6 g
F: 6 g
K: 14 g
B: 1 g
C: 18 mg
Preis: 0,75 DM

Möhrendrink mit Pfiff

Zutaten für 2 Personen
300 ml Möhrensaft • 200 ml Orangensaft
30 g H-Sahne • Petersilienzweig zum Garnieren

1 Säfte und Sahne im Mixer verquirlen.

2 In Gläser füllen und mit Petersilie garnieren.

kcal: 158
E: 2 g
F: 5 g
K: 24 g
B: 6 g
C: 16 mg
Preis: 0,75 DM

INFO Eine ungewöhnliche Mischung, die aber für glatte, weiche Haut, glänzende Haare und feste Nägel sorgt.

Fitnessdrink

Zutaten für 2 Personen
1 EL Honig • 300 ml Traubensaft • 200 ml H-Milch, 1,5 %
50 g blaue Weintrauben

1 Den Honig mit dem Saft und der Milch vermengen und mit einem Schneebesen verquirlen.

2 Das Getränk in Gläser füllen und zum Schluss mit einigen Weintrauben dekorieren.

kcal: 136
E: 4 g
F: 2 g
K: 25 g
B: 2 g
C: 5 mg
Preis: 0,50 DM

Melonenshake

kcal: 233
E: 6 g
F: 5 g
K: 32 g
B: 2 g
C: 15 mg
Preis: 1,00 DM

Zutaten für 2 Personen
1/2 Honigmelone • Saft von 1 Zitrone • 100 ml Weißwein
(z. B. Grüner Veltliner) • 1 Päckchen Vanillezucker
1/4 l H-Milch, 3,5 %

1 Die Honigmelone halbieren, mit einem Esslöffel das Kerngehäuse herausschaben.
2 Das Fruchtfleisch von der Schale lösen und in Würfel schneiden.
3 Das Melonenfruchtfleisch mit dem Saft der Zitrone, dem Weißwein und dem Vanillezucker im Mixer pürieren.
4 Dann die H-Milch hinzufügen und alles gut miteinander vermischen.
5 Den Melonenshake in Gläser füllen und eiskalt servieren.

Vitamin-C-Saft

kcal: 102
E: 1 g
F: 0 g
K: 21 g
B: 4 g
C: 0 mg
Preis: 0,50 DM

Zutaten für 2 Personen
1 Kiwi • 200 ml Apfelsaft • 200 ml Orangensaft

1 Die Kiwi schälen und im Mixer fein pürieren.
2 Die Säfte hinzufügen, alles mischen.
3 In Gläser abfüllen, je nach Geschmack und Jahreszeit einige Eiswürfel hinzugeben.
4 Mit Kiwischeiben oder Orangenscheiben garnieren. Möglichst gleich trinken.

INFO Vitamin C ist sehr luft- und lichtempfindlich. Deshalb sollten Sie diesen Drink möglichst frisch zubereitet trinken. Vor allem in der nasskalten Jahreszeit stellt er eine ideale Stärkung für das Immunsystem dar.

FÜNF TAGESPLANVORSCHLÄGE

Das sollten Sie zu Hause haben

Olivenöl, Weinessig, Butter, Margarine • Jodsalz, Pfeffer, Paprikapulver, Knoblauchsalz, Currypulver • Schnittlauch, Petersilie, Dill, Gartenkräuter, Zitronensaft • Semmelbrösel, Speisestärke, Mehl, Zucker, Puderzucker • klare Brühe

PLAN 1	kcal	Preis in DM pro Portion	Einkaufsliste
1. Frühstück			9 Eier, 1 Eiweiß • 1 Apfel • 1 Birne
Kornmüsli mit Obst	285	0,75	1 Banane • 1 Kiwi • 2 kleine Pap-
			rikaschoten • 550 g Tomaten
2. Frühstück			1 Kopfsalat • 1 Salatgurke
Putenbrustbrot			300 g Kartoffeln • 1 Zwiebel
mit Apfelscheiben	371	1,75	1 Päckchen Mozzarella (125 g)
			150 g Feta • 100 g gekochte
Mittagessen			Putenbrust • 2 EL klein
Tomaten-Kartoffel-Tortilla	858	1,75	geschnittenes Trockenobst
			(eingeweicht) • 2 EL Sherry
Zwischenmahlzeit			200 ml Apfelsaft
Vitamin-C-Saft	102	0,50	200 ml Orangensaft
			1/4 l H-Milch, 1,5 %
Abendessen			4 EL Haferflocken • 1 EL Honig
Sandwiches mit Mozzarella	613	2,00	2 Scheiben Vollkornbrot
			6 Scheiben Toastbrot
Gesamt	**2229**	**6,75**	

PLAN 2	kcal	Preis in DM pro Portion	Einkaufsliste
			1 Apfel (Braeburn) • 1 Banane
1. Frühstück			Saft von 1 Zitrone • 1/2 Honig-
Joghurt-Früchte-Müsli	316	0,75	melone • 2 Möhren • 2 Tomaten
			1 kleine Zwiebel • 1 mittelgroße
2. Frühstück			Zucchini • 1 EL Margarine
Schinken-Käse-Brot	318	1,50	1 EL Sonnenblumenöl

PLAN 2 *(Fortsetzung)*	kcal	**Preis in DM pro Portion**	Einkaufsliste
Mittagessen			100 g Hinterkochschinken
Nudeln mit			175 g Lachsschinken • 200 g ge-
Zucchini-Möhren-Sauce	767	1,75	kochte Putenbrust • 1 1/2 Becher
Dessert			fettarmer Joghurt • 1 Becher
Waldfrucht-Joghurt-Eis	292	0,75	H-Sauerrahm • 100 g Schmand
			125 g H-Sahne • 2 EL dänischer
Zwischenmahlzeit			Frischkäse mit Schnittlauch
Honigmelone			2 EL Haselnusskerne • 2 EL Wald-
mit Lachsschinken	212	0,90	fruchtkonfitüre • 2 EL Zucker
Abendessen			1 EL Tomatenmark • 2 Essig-
Ratsherrentoast	444	2,25	gurken • 4 Scheiben Bauernbrot
Gesamt	**2349**	**7,90**	250 g Spiralnudeln • 50 g Hafer- flocken • 50 ml klare Brühe

PLAN 3	kcal	**Preis in DM pro Portion**	Einkaufsliste
1. Frühstück			2 Bananen • 400 g Tomaten
Gebratene Banane auf Toast	212	0,50	100 g Hinterkochschinken
			1 Päckchen Mozzarella (125 g)
2. Frühstück			1/4 l H-Milch, 1,5 % • 2 Stück Pizza
Baguette mit			mit Schinken, Fertigprodukt
Schinken und Ananas	596	1,75	200 ml Mineralwasser
Vorspeise			300 ml Multivitaminfruchtsaft
Tomatensalat mit Mozzarella	351	1,25	1 Baguette • 2 Scheiben Vollkorn-
			toast • 4 Eier • 4 Salatblätter
Mittagessen			frische Basilikumblätter
Pizza Hawaii	421	3,25	1 1/2 Dosen Ananas in Stücken
Zwischenmahlzeit			1 EL Himbeermarmelade
Bananen-Power-Mix	113	0,50	Saft von 1 Zitrone
Abendessen			
Kaiserschmarren	552	0,75	
Gesamt	**2245**	**8,00**	

PLAN 4	kcal	Preis in DM pro Portion	Einkaufsliste
1. Frühstück			3 Kiwi • 2 Äpfel (Granny Smith)
Apfel-Kiwi-Müsli	373	1,75	1/2 Wirsing • 900 g Kartoffeln
2. Frühstück			2 Tomaten • 2 Becher fettarmer
Schinkenbrot mit Kiwi	504	2,25	Joghurt • 100 g Lachsschinken
			50 g Krabben • 1/8 l H-Milch, 1,5 %
Mittagessen			1 EL Schmand • 100 g H-Sahne
Gebratener Wirsing mit			60 g Blauschimmelkäse • 2 Eier
herzhaftem Kartoffelpüree	709	1,40	300 ml Möhrensaft
Zwischenmahlzeit			200 ml Orangensaft
Möhrendrink mit Pfiff	158	0,75	50 g Haferflocken • 50 g Fruit-Loops • 2 Vierkornbrötchen
Abendessen			etwas Honig • etwas Zitronen-saft (Citrovin)
Gefüllte Kartoffeln			
mit Krabben	287	0,75	
Gesamt	**2031**	**6,90**	

PLAN 5	kcal	Preis in DM pro Portion	Einkaufsliste
1. Frühstück			3 Bananen • 200 g Tomaten
Bananen-Haferflocken-			1 Kopfsalat • 150 g Möhren
Quark	398	1,00	150 g Zucchini • 1 rote Paprika-schote • 2 große Zwiebeln
2. Frühstück			abgeriebene Schale von 1 Zitrone
Kräuter-Quark-Sandwich	337	1,25	250 g Sahnequark • 2 EL H-Sauer-rahm oder Schmand
Mittagessen			75 ml Orangensaft • 1 EL Ama-
Gratinierter Gemüsereis	747	2,00	retto • 1 Dose Mandarinen
Dessert			1/2 Becher probiotischer Joghurt
Gebackene Amaretto-			200 g Magerquark
bananen	228	0,75	50 g körniger Frischkäse
Abendessen			1 Päckchen Mozzarella (125 g)
Krabbentoast			100 g Krabben • 2 Eier
mit Mandarinen	364	1,75	1 EL Mayonnaise • 2 EL Honig
Gesamt	**2074**	**6,75**	20 g Haferflocken • 200 g Reis
			4 Scheiben Toastbrot
			2 Vierkornbrötchen

Auf einen Blick – Gerichte unter 1,- DM pro Person

Birnentarte	0,45	Crêpes mit karamelisierten Früchten	0,75
Bananen-Power-Mix	0,50	Früchtesuppe	0,75
Fitnessdrink	0,50	Gebackene Amarettobananen	0,75
Vitamin-C-Saft	0,50	Kaiserschmarren	0,75
Italienischer Rotweinkuchen	0,50	Preiselbeersahnetorte	0,75
Original amerikanische Brownies	0,50	Waldfrucht-Joghurt-Eis	0,75
Selbst gemachte Vanillesauce	0,50	Joghurt-Früchte-Müsli	0,75
Versunkener Ananaskuchen	0,50	Kornmüsli mit Obst	0,75
Zwetschgenkuchen	0,50	Gebratene Semmelknödel	
Gebratene Banane auf Toast	0,50	mit mexikanischer Gemüseplatte	0,75
Herzhafte Käsebrötchen		Gefüllte Kartoffeln mit Krabben	0,75
mit Weintrauben	0,50	Gemüsepuffer	0,75
Bananen-Walnuss-Brot	0,55	Kartoffeltorte mit Blauschimmelkäse	0,75
Saftiger Eierlikörkuchen	0,55	Rösti mit Lachs und Dillsahne	0,75
Gebackene Früchtetörtchen	0,60	Spargel-Kartoffel-Suppe	0,75
Trixies Nusskuchen	0,60	Carolas Eiersalat	0,75
Bananensoufflé	0,65	Weinsauerkrautsalat	0,75
Grüner Obstsalat	0,65	Spaghetti mit Tomatensauce	0,75
Schokoladencreme	0,65	Gefrorenes Joghurtdessert	
Blumenkohlsalat		mit Früchten	0,85
mit Senfsauce	0,65	Mousse von getrockneten Pflaumen	0,85
Eiskalter Apfel-Erdbeer-Drink	0,75	Zwetschgenknödel	0,85
Möhrendrink mit Pfiff	0,75	Vitaminsalat	0,90
Traubensaft-Joghurt-Flip	0,75	Honigmelone mit Lachsschinken	0,90

Auf einen Blick – Gerichte unter 2,- DM pro Person

Melonenshake	1,00	Kalte Tomatencremesuppe	1,00
Bratäpfel mit Eierlikör-Quark-Sauce	1,00	Möhrensuppe	
Bananen-Haferflocken-Quark	1,00	mit Frischkäseklößchen	1,00
Bratkartoffeln mit frischem Spargel		Rotkrautsalat mit Thunfisch	1,00
und Spiegelei	1,00	Erdbeer-Apfel-Tiramisu	1,10
Brokkoli-Käse-Terrine	1,00	Exotischer Reissalat	1,15
Französischer Zwiebelkuchen	1,00	Schaumomelett mit Kirschquark	1,25
Gefüllte Paprikaschoten		Topfenknödel mit Himbeersauce	1,25
mit Schafskäse	1,00	Bauernbrot mit Schinkenrührei	1,25
Herzhafter Quarkauflauf	1,00	Kräuter-Quark-Sandwich	1,25
Kartoffel-Zucchini-Auflauf	1,00	Putensandwich mit Ei	1,25
Selbst gemachte Gnocchi		Blauschimmelkäsetoast	
mit Tomatensauce	1,00	mit Bauchspeck	1,25
Senfeier mit Kartoffelpüree	1,00	Blumenkohlauflauf	1,25
Spargelrisotto	1,00	Schweizer Wurstsalat	1,25

Überbackenes Brokkolibaguette	1,25	Apfel-Kiwi-Müsli	1,75
Tomatensalat mit Mozzarella	1,25	Baguette mit Schinken	
Kartoffelpuffer mit Apfelmus	1,25	und Ananas	1,75
Wiener Apfelstrudel	1,40	Krabbentoast mit Mandarinen	1,75
Gebratener Wirsing mit		Putenbrustbrot mit Apfelscheiben	1,75
herzhaftem Kartoffelpüree	1,40	Camembert-Schinken-Sandwich	1,75
Gemüsestrudel	1,40	Champignons mit	
Linseneintopf mit Gemüse	1,40	Nusssauce und Reis	1,75
Frischkäsebrot mit Radieschen	1,50	Gebratenes Salatgemüse	
Schinken-Käse-Brot	1,50	mit Spiegelei	1,75
Baguette al Italia	1,50	Kräuterpfannkuchen	
Eierpfanne mit Gemüse	1,50	mit Schinkenfüllung	1,75
Pikanter Käsekuchen		Nudeln mit Zucchini-Möhren-Sauce	1,75
mit Champignons	1,50	Spaghetti mit einer pikanten	
Spaghetti alla carbonara	1,50	Käse-Nuss-Sauce	1,75
Möhren-Apfel-Bananen-Rohkost	1,50	Tomaten-Kartoffel-Tortilla	1,75
Gefüllte Grapefruits	1,50	Kartoffelsuppe mit Erbsen	1,75
Käsespätzle	1,50	Raviolisalat	1,75
Pfirsich Royale	1,65	Nudelsalat mit Krabben	1,75
Erdbeergratin	1,75	Möhren-Spargel-Gemüse	
Quarkauflauf mit Heidelbeeren	1,75	mit Schwarzwälder Schinken	1,90

Auf einen Blick – Gerichte unter 3,- DM pro Person

Müslistrudel	2,00	Schinkenbrot mit Kiwi	2,25
Bandnudeln mit Lachs-		Bratwurstomelett	2,25
Gemüse-Sauce	2,00	Pizzabrötchen	2,25
Gratinierter Gemüsereis	2,00	Puten-Gemüse-Topf	2,25
Kartoffel-Lachs-Gratin	2,00	Ratsherrentoast	2,25
Mozzarellasandwiches	2,00	Tomaten-Champignon-Toast	2,25
Spätzle-Schinken-Auflauf	2,00	Überbackene Zucchini	2,25
Frische Spargelcremesuppe	2,00	Ravioli al forno	2,25
Fruchtiger Salat mit Putenbrust	2,00	Lachs mit Rührei auf Toast	2,50
Gebackener Camembert		Mexikanisches Gemüse-Nudel-Gratin	2,50
mit Preiselbeeren	2,00	Krabbencocktail	2,50
Leberkäse in Bierteig		Nürnberger Bratwürste	
mit Spiegelei	2,00	auf Kartoffelküchlein	2,50

Auf einen Blick – Gerichte unter 5,- DM pro Person

Schweinebauch mit Reibeknödel	3,00	Pizza Hawaii	3,25
Spargeltoast	3,00	Semmelknödel mit Pilzsauce	3,25
Wiener mit Schinken und		Truthahnnuggets	
Käse überbacken	3,00	mit verschiedenen Dips	3,25
Kasseler mit Zwiebelbratkartoffeln	3,25	Gebackene Erdbeeren in Champagner	4,25

Impressum

© 1998 Südwest Verlag GmbH in der Verlagshaus Goethestraße GmbH & Co. KG, München

4. Auflage 1999

Alle Rechte vorbehalten. Nachdruck – auch auszugsweise – nur mit Genehmigung des Verlags.

Redaktion:
Anja Feise
Projektleitung:
Dr. Alex Klubertanz
Redaktionsleitung
und medizinische
Fachberatung:
Dr. med. Christiane Lentz
Bildredaktion:
Ute Schoenenburg
Produktion:
Manfred Metzger
Umschlag:
Manuela Hutschenreiter, München
Layout:
Wolfgang Lehner
DTP:
Hubertus von Baer

Printed in Italy
Gedruckt auf chlor-
und säurearmem Papier

ISBN 3-517-08012-8

Über die Autorin

Heidrun Fronek studierte nach ihrer Ausbildung zur Arzthelferin Haushalts- und Ernährungswissenschaften an der TU München/Weihenstephan. Sie ist im journalistischen Bereich tätig und arbeitete mehrere Jahre mit Armin Roßmeier zusammen. Ihre thematischen Schwerpunkte liegen in den Bereichen gesunde Ernährung, Ernährungsmedizin und Säuglingsernährung. Hierzu publizierte sie bereits in diversen Fachzeitschriften.

Literatur

Knophius, Heike: Kochen mit ALDI für Kinder. Südwest Verlag. München 1998

Kranz, Brigitte: Früchte – der gesunde Genuss. Südwest Verlag. München 1997

Roßmeier, Armin: Fit und gesund durch fettarme Küche. Südwest Verlag. 2. Auflage, München 1997

Roßmeier, Armin/Fronek, Heidrun: Das große Buch der leichten Küche. Südwest Verlag. München 1998

Hinweis

Das vorliegende Buch ist sorgfältig erarbeitet worden. Dennoch erfolgen alle Angaben ohne Gewähr. Weder Autorin noch Verlag können für eventuelle Nachteile oder Schäden, die aus den im Buch gemachten praktischen Hinweisen resultieren, eine Haftung übernehmen.

Bildnachweis

Alle Bilder stammen von Dirk Albrecht, Meinerzhagen außer:
Bavaria, München: 1 (TCL); Südwest Verlag, München: 4 (Michael Nagy)

Rezepteregister
Apfel-Kiwi-Müsli 12
Baguette al Italia 68
Baguette mit Schinken
  und Ananas 18
Bananen-Haferflocken-
  Quark 14
Bananen-Power-Mix 118
Bananensoufflé 108
Bananen-Walnuss-Brot 90
Bandnudeln mit Lachs-
  Gemüse-Sauce 38
Bauernbrot mit Schinken-
  rührei 15
Birnentarte 90f.
Blauschimmelkäsetoast
  mit Bauchspeck 66f.
Blumenkohlauflauf 39
Blumenkohlsalat mit
  Senfsauce 29
Bratäpfel mit Eierlikör-
  Quark-Sauce 98
Bratkartoffeln mit
  frischem Spargel
  und Spiegelei 40
Bratwurstomelett 70
Brokkoli-Käse-
  Terrine 41
Camembert-Schinken-
  Sandwich 67
Carolas Eiersalat 29
Champignons mit Nuss-
  sauce und Reis 42
Crêpes mit karamelisier-
  ten Früchten 98f.
Eierpfanne mit
  Gemüse 69

Eiskalter Apfel-Erdbeer-
  Drink 118
Erdbeer-Apfel-
  Tiramisu 114f.
Erdbeergratin 100
Exotischer Reissalat 28
Fitnessdrink 119
Französischer Zwiebel-
  kuchen 43
Frische Spargelcreme-
  suppe 22
Frischkäsebrot mit
  Radieschen 16
Fruchtiger Salat mit
  Putenbrust 30
Gebackene Amaretto-
  bananen 114
Gebackene Erdbeeren in
  Champagner 110f.
Gebackene Früchte-
  törtchen 92
Gebackener Camembert
  mit Preiselbeeren 80
Gebratene Banane auf
  Toast 13
Gebratener Wirsing mit
  herzhaftem Kartoffel-
  püree 46
Gebratene Semmelknödel
  mit mexikanischer
  Gemüseplatte 44
Gebratenes Salatgemüse
  mit Spiegelei 44f.
Gefrorenes
  Joghurtdessert mit
  Früchten 112f.
Gefüllte Grapefruits 35

Gefüllte Kartoffeln mit
  Krabben 72
Gefüllte Paprikaschoten
  mit Schafskäse 47
Gemüsepuffer 68f.
Gemüsestrudel 48
Gratinierter Gemüse-
  reis 50
Grüner Obstsalat 109
Herzhafte Käsebrötchen
  mit Weintrauben 17
Herzhafter Quark-
  auflauf 49
Honigmelone mit Lachs-
  schinken 34
Italienischer Rotwein-
  kuchen 92f.
Joghurt-Früchte-Müsli 13
Kaiserschmarren 99
Kalte Tomatencreme-
  suppe 23
Karotten-Apfel-Bananen-
  Rohkost 30
Karottendrink mit
  Pfiff 119
Karotten-Spargel-Gemüse
  mit Schwarzwälder
  Schinken 51
Karottensuppe mit Frisch-
  käseklößchen 24f.
Kartoffel-Lachs-Gratin 45
Kartoffelpuffer mit
  Apfelmus 81
Kartoffelsuppe mit
  Erbsen 24
Kartoffeltorte mit Blau-
  schimmelkäse 54

Kartoffel-Zucchini-
  Auflauf 52
Käsespätzle 80
Kasseler mit Zwiebelbrat-
  kartoffeln 81
Kornmüsli mit Obst 12
Krabbencocktail 34
Krabbentoast mit
  Mandarinen 16
Kräuterpfannkuchen mit
  Schinkenfüllung 52f.
Kräuter-Quark-
  Sandwich 18
Lachs mit Rührei auf
  Toast 73
Leberkäse in Bierteig mit
  Spiegelei 82
Linseneintopf mit
  Gemüse 26
Melonenshake 120
Mexikanisches Gemüse-
  Nudel-Gratin 53
Mousse von getrockneten
  Pflaumen 112
Müslistrudel 100f.
Nudeln mit Zucchini-
  Möhren-Sauce 57
Nudelsalat mit Krabben 31
Nürnberger Bratwürste
  auf Kartoffel-
  küchlein 82f.
Original amerikanische
  Brownies 94
Pikanter Käsekuchen mit
  Champignons 55
Pizzabrötchen 75
Pizza Hawaii 83
Preiselbeersahnetorte 96f.

Putenbrustbrot mit Apfel-
  scheiben 17
Puten-Gemüse-Topf 59
Putensandwich mit Ei 14
Quarkauflauf mit Heidel-
  beeren 102
Ratsherrentoast 74
Ravioli al forno 83
Raviolisalat 32
Rösti mit Lachs und Dill-
  sahne 74f.
Rotkrautsalat mit
  Thunfisch 32
Saftiger Eierlikör-
  kuchen 95
Sandwiches mit
  Mozzarella 71
Schaumomelett mit
  Kirschquark 109
Schinkenbrot mit Kiwi 19
Schinken-Käse-Brot 19
Schokoladencreme 111
Schokoladenstrudel 107
Schweinebauch mit Reibe-
  knödeln 84
Schweizer Wurstsalat 76
Selbst gemachte Gnocchi
  mit Tomatensauce 58
Selbst gemachte Vanille-
  sauce 105
Semmelknödel mit Pilz-
  sauce 85
Senfeier mit Kartoffel-
  püree 61
Spaghetti alla carbonara 63
Spaghetti mit einer pikan-
  ten Käse-Nuss-Sauce 62
Spaghetti mit Tomaten-

sauce 86
Spargel-Kartoffel-
  Suppe 26f.
Spargelrisotto 62f.
Spargeltoast 86
Spätzle-Schinken-
  Auflauf 60
Thunfischtorte 64
Tomaten-Champignon-
  Toast 76f.
Tomaten-Kartoffel-
  Tortilla 66
Tomatensalat mit
  Mozzarella 27
Topfenknödel mit
  Himbeersauce 103
Traubensaft-Joghurt-
  Flip 119
Trixies Nusskuchen 93
Truthahnnuggets mit
  verschiedenen Dips 87
Überbackenes Brokkoli-
  baguette 77
Überbackene
  Zucchini 56
Versunkener Ananas-
  kuchen 97
Vitamin-C-Saft 120
Vitaminsalat 33
Waldfrucht-Joghurt-Eis 113
Weinsauerkrautsalat 33
Wiener Apfelstrudel 104
Wiener Würstchen mit
  Schinken und Käse
  überbacken 87
Zwetschgenknödel 106
Zwetschgenkuchen 96
Zwiebelmaultaschen 65